中外故事书系/名称故事丛书

中国人姓名故事

张颖震　编著

齐鲁书社

目 录

一 姓氏趣谈

二 姓名寓意

三　取名趣闻

四 改名轶闻

五 姓名故事

六　姓名游戏

七 外国人的中国名字

一 姓氏趣谈

从一则笑话看中国的姓名文化

人皆有名，世界上每个人都有自己的姓名，但不同的国家有不同的取名方式和姓名文化。

中国的姓名文化源远流长，内涵丰富，历史积淀深厚，是世界上其他任何国家和民族都难以匹敌的。

有人曾讲过这样一个笑话：在一次国际会议上，来自各国的代表聚在一起，互通姓名，自我介绍。

中国代表首先站起来自我介绍说："我的名字简单明白，我叫周振华，周是姓，振华是名，含义是振兴中华。"

日本代表接着说："我叫渡边岳男，同中国人的名字一样，也是姓在前，名在后，渡边是姓，岳男是名，但含义不如中国人名丰富。"

美国代表站起来说："我叫约翰·福斯特·史密斯。约翰和福斯特都是我的名，史密斯是我的姓。排列方法同你们的正好相反，名在前，姓在后，而且有两个名。"

法国代表说："我同史密斯先生一样，也是先名后姓，不过我只用一个名。我叫菲利普·勒布隆，但我的身份证上的名字先是姓，再是名，最后还要加一个我父亲的名字，全称是勒布隆·菲利普·弗雷德里。"

俄罗斯代表听完法国代表介绍后，站起来说："我们俄罗斯人起名的方法是本人的名加父名再加自己的姓。我的姓名叫亚历山大·里沃维奇·伊万诺瓦。平时人们只称呼我的姓，叫我伊万诺瓦。"

这时，西班牙代表站起来说："我们西班牙人的名字最完整，我们取名时要将父姓、母姓都加上。我的名字的全称是米盖尔·金塔纳·萨阿维德拉。米盖尔是我的名，金塔纳是我父亲的姓，萨阿维德拉是我母亲的姓。"

缅甸代表听到这里，忍不住站起来说："你们的名字怎么这么复杂，看人家中国人的名字多好，只有姓和名，既简单，又有意义。不过，我们缅甸人的名字更简单，只有名，连姓也没有，我叫貌觉莫昂，其中'貌'是表示身份的。用来表示身份的还有'郭''吴'等。像我们的主席叫吴奈温，'吴'表示他是长辈，有权威。"

最后发言的是阿拉伯代表，他说："要论复杂，我们阿拉伯人的名字最复杂，你们谁也比不上。我们的全名是由本名、父名、祖父名、别名和称号五部分组成。我的全名叫萨巴哈·瓦利德·穆罕默德·阿布·伊斯法罕尼。在古代，我们阿拉伯人的名字比这还要长得多，本名后除带有父名、祖父名外，还带有曾祖父名、高祖父名……多达六七代呢。当然这种取名法现在已经不用了。"由于太长，阿拉伯人的名字，往往将祖父名省略，有的将祖父名、父亲名一起省略，甚至有的只称姓。所以，要查找阿拉伯人的名字是比较困难的。

代表们将各自的姓名介绍完后便议论开了，最后大家异口同声地说："还是中国人的名字好！"

以上所说的虽是笑话，却从一个侧面说明了中国姓名文化的优点。

最有影响的《百家姓》

提起"百家姓"，中国人是再熟悉不过了，大都能"赵钱孙李，周吴郑王"地背上几句，可以说妇孺皆知。这部《百家姓》是宋朝儒生编写的，已经流传一千多年了。但如果要说这只是《百家姓》中的一种，除此之外还有很多《百家姓》，估计就很少有人知道了。

中国姓名文化源远流长，已有五六千年的历史。有关姓名文化的著作不计其数，就《百家姓》而言，少说也有一二十种，只不过上面提到的《百家姓》，一千多年来，一直作为旧时儿童的启蒙读物使用，所以大家特别熟悉。至今，有些读过私塾的老先生还能完整地把它背诵下来。除此之外，明代的《皇明千家姓》、清朝的《御制百家姓》也很有名。

作为启蒙读物使用的宋代《百家姓》，一般认为是由北宋初年钱塘（今浙江杭州）一带的一位儒生编写的。此书在最初时共收集姓氏438个，其中单姓408个，复姓30个，后来不断增补，成为一种包括504个姓氏的启蒙读物。

这本《百家姓》，因编写于宋朝时的吴越地区，皇帝姓赵，赵是国姓，所以赵排在最前面。至于接着皇姓后面的钱、孙、李等也是有来历的，也是一种地位的显示。"钱"之所以排在第二位，是因为吴越国王钱俶顺应历史发展趋势主动归顺了宋朝，受到了宋朝皇帝赵匡胤的特殊照顾，所以享受到了在《百家姓》中排位第二的特殊待遇；"孙"排在第三位，是因为它是吴越王正妃的姓氏；"李"排在第四位，则是因为它是南唐皇帝的姓氏。由此可知，宋朝的这部《百家姓》充满了政治色彩。

明代的《皇明千家姓》，同样也充满政治色彩。这部《千家姓》是明朝初年由翰林院编修吴沈等人根据当时户部所藏的户口册编成的，共收录姓氏1968个，姓氏数量约是宋代《百家姓》的四倍。其编排形式也是四字一句，以韵文排列，不同的是，它不像宋代《百家姓》那样毫无文学性，在排列顺序上也改由"朱"姓排在第一位。它的第一句是："朱奉天运，富有万方，圣神

宋代《百家姓》书影

文武，道合陶唐。"这里不仅将国姓"朱"排在最前，还进行了歌功颂德，以突出朱氏政权至高无上。

清朝《御制百家姓》是经康熙皇帝亲自审定的，这部《百家姓》与宋朝和明朝的排列都不同，它不是将国姓排在首位，而是将孔子和孟子的姓排在最前面。其开头几句是："孔师阙党，孟席齐梁，高山瞻仰，邹鲁荣昌，冉季宗政，游夏文章。"为什么要这样排列呢？一是因为清朝皇帝姓"爱新觉罗"，四个字，不便编排，二是因为当时民族矛盾还很突出，将汉族人民尊崇的孔子和孟子的姓排在前面，有利于笼络汉族人心，有助于化解民族矛盾。所以，这样排列也是出于政治上的考虑。

宋代《百家姓》可读也可唱

我国古代孩子的启蒙教育，多是从读《百家姓》《三字经》《千字文》开始的。这三本蒙学教材都是韵文，读起来顺口，易学好记，很适合孩子的特点，所以千百年来广为流传，对我国古代教育的发展起了重要作用。

其中宋代《百家姓》是指宋朝儒生编写的教材，这本《百家姓》采用四言体例，隔句押韵，从"赵钱孙李，周吴郑王"开始，共编入姓氏504个，既好记，又实用，很受孩子的欢迎。

前些年，山西太原一位叫张燕的音乐教师有了一个新的发现：宋代《百家姓》不仅能读，还可以唱。那是1995年，张燕偶然在地摊上发现一本明末清初版的《百家姓考略》，书中每个姓氏都用宫商角徵羽五音作了标注。这引起了他的注意。"五音"有两种解释，一是中国古典音乐的五个音阶，二是音韵学术语，指按声母发音部位划分的唇音、舌音、齿音、牙音、喉音五类。《百家姓考略》中所注的"五音"是哪一

《百家姓考略》书影

种呢？张燕经过多年深入研究，认定书中标注的符号是音阶，从而证实，古时候的《百家姓》里有曲谱，是可以唱的。张燕决心复原书中的曲子，恢复古老的《百家姓》的原有音律。经过多年努力，他终于完成了这一任务。

恢复整理出的《百家姓》曲谱，共有 59 个小节，5/4 拍号，唱四拍半换一口气，音域在一个八度内，很适合儿童学唱。整个曲子旋律优美，节奏简单，既适合个人学唱，也适合集体学唱。

张燕老师将恢复了曲谱的《百家姓》在音乐课上教学生们学唱，学生很感兴趣，学得很快，效果很好。张燕老师还专门录制了一盘学生演唱《百家姓》的录音带。2003 年春节期间，中央电视台播放电视专题片《百家姓》时，张燕老师应邀带着两名学生参加了这个节目，两名学生还在现场进行了演唱。大家听了都觉得很有意思，没想到《百家姓》竟然还能唱。其实，我国古代有把韵文和诗歌唱出来的传统，像《诗经》在古代也是可以唱的。

有专家认为，流传了一千多年的宋代《百家姓》，是一本很不错的启蒙读物，现在的孩子学学也有好处，既然既能读又能唱，不妨在幼儿园和小学教唱一下，想必孩子们也一定会喜欢的。

宋代《百家姓》为何钱姓排第二

北宋初年写成的《百家姓》，开头一句是"赵钱孙李"。赵排在第一位，这是因为北宋的开国皇帝是赵匡胤，北宋是赵氏政权，赵是国姓，必须排在第一位。钱姓在诸姓中不算大姓，为何排在第二位呢？原来，这与当时控制着江浙一带的吴越国有关。吴越国的创建者是钱镠。钱镠是一位具有雄才大略、勤于政事的国王，在他和他的子孙治理下，吴越一带成了富庶地区。赵匡胤统一中国时，先后消灭了8个国家，只有吴越国没有被消灭，当时的吴越王是钱镠的孙子钱俶。当赵匡胤兵临城下时，钱俶为使家园免遭破坏，人民免受灾难，顺应了历史发展趋势，主动取消了王位，奉赵宋为正朔。赵匡胤统一全国后，给了钱氏一些特权，对江浙一带采取了保护政策，使江浙一带的经济文化继续得以发展。钱俶的决策得到人民的拥护，加上钱氏原有的地位和影响，钱氏便成了当时除宋朝国姓赵氏之外影响最大的姓氏。编写这本《百家姓》的，是钱塘地区的一位老儒生，所以他顺理成章地将钱姓排在了第二位。1989年9月，著名科学家钱伟长在回答一位外国记者提问时，也做了这样的解释。

最近，人们在山西省交城县

吴越王钱镠画像

民间流传的钱镠画像

瓦窑村"觅渊斋"发现了《钱氏宗谱》。据专家考证，这本《钱氏宗谱》正是吴越国的创建者钱镠于910年亲自撰修的。

钱镠有6房妻妾、33个儿子，在他统治吴越国时，将自己的儿子派往各处做一方之主，这使钱氏后裔在江浙一带分布开来。归顺赵匡胤的钱俶，后来被赵匡胤接到汴京定居，这样河南也有了钱氏的后裔。如今钱氏后裔遍布世界各地。令人惊叹的是，钱氏自古以来名人辈出。当代著名科学家钱三强、钱学森、钱伟长都是钱氏的后人。钱三强是钱镠第33代孙。原水利部部长钱正英、原外交部部长钱其琛、艺术家钱君匋也都是钱镠的后代。1980年10月钱正英在写给钱王陵园管理所的回信中明确地表示："我也是钱氏家族第33代孙。"另外，美国霍普金斯大学教授钱致榕，被人誉为"江南才子"的台湾著名教授、作家、书画家钱济鄂，也都是钱氏后人。据统计，国内外科学界院士以上的钱氏名人就有一百多位，分布在世界五十多个国家，他们中有的一家兄妹都是科技英才。鲁迅名篇《孔乙己》中提到的浙江绍兴咸亨酒店，就是用钱镠第12代孙钱咸亨的名字命名的。

"百家姓"三字也是姓

一提百家姓，人们就会想到"赵钱孙李，周吴郑王"，这是宋代《百家姓》中开头的几个姓。在人们的心目中，百家姓是我国姓氏的总称，很少有人知道百家姓三个字也是姓。这也难怪，因为从古至今，姓百、姓家和姓姓的实在太少了，人们很少听到和遇到姓这三个姓的人。

实际上，这三个姓自古有之，至今还在少数地区存在。

先谈"百"姓。据考证，最早使用"百"姓的是黄帝的一位后代叫"百儵"，最有影响的是春秋时期秦国的名人"百里奚"。百里奚本是虞国的一位大夫，足智多谋，虞亡时被晋国俘去，后又被送到秦国，他从秦国出走到楚国，被楚国所俘获。秦穆公听说百里奚是个人才，决定将他从楚国赎回来，于是派人对楚王说，愿以五张黑色公羊皮换回百里奚，楚王欣然同意，放回了百里奚。百里奚不忘知遇之恩，竭尽全力帮助秦穆公建立起霸业。由于百里奚是用五张黑色公羊皮赎回来的，所以，后人给他取了个绰号叫"五羖大夫"。百里奚的后人以此为荣耀，为了纪念他，有的便取"百"为姓，也有的取姓"百里"。历史上，姓"百"的还出过其他一些名人，如先秦思想家列御寇的学生百丰，汉代官吏百政，明代官吏百恭、百通、学者百坚等。现在北京一带也还有姓"百"的，只是很少。

"家"姓源于周幽王太宰家伯。历史上"家"姓也出过一些名人。西汉成帝时，有一个叫家君的人，精于技艺，曾发明弹棋游戏，受到皇帝的奖赏。宋朝时有一个进士叫家进，也很有名。现在姓家的也还有，人口普查时，在上海就发现了姓家的人家。

"姓"姓源于春秋时蔡国的公孙姓。公孙姓是蔡国的公爵，后人为了纪念他，便用其名字中的"姓"为姓。历史上姓"姓"的人物，史料上也有记载，如汉代大商人姓伟，宋代县令姓益恭，明代贡士姓秉恭等。现代姓"姓"的也还有，浙江、山西、河北等地都有发现。

中国的姓氏文化源远流长，内涵丰富，我们从"百""家""姓"这三个罕见的姓的产生和流传可窥其一斑。

"春夏秋冬"四个字也是姓

　　细细品味《百家姓》的用字，真是丰富多彩，趣味无穷。国名地名、动物植物、数字方位、天体气象、地形地貌、食物用品、金属色彩、天干地支、季节时间等等，无所不包，如花、草、杨、柳、木，风、云、雷、雨、雪，朱、黄、蓝、白、黑，工、农、兵、学、商，东、西、南、北等都是姓。更有趣的是，连笔墨纸砚、琴棋书画，甚至酸甜苦辣，柴米油盐酱醋茶也都入了姓。

　　季节作姓，是说用来表示一年四季的"春夏秋冬"四个字都是姓。

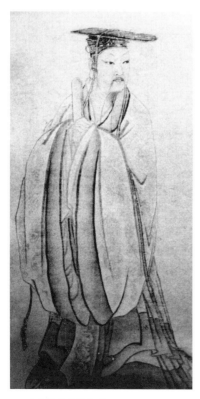

古代治水英雄大禹

　　先说"春"姓。"春"姓源于战国时期著名的"四君子"之一——春申君。他与齐国的孟尝君、魏国的信陵君、赵国的平原君并称。春申君名黄歇，是战国时楚国的宰相。相传，上海的黄浦江就是他主持开凿疏通的，故黄浦江又称黄歇浦、春申江。上海的简称"申"，也是由他的封号而来。春申君去世后，他的后人中有的便用"春"为姓，于是《百家姓》中有了"春"这个姓。

　　"夏"姓是《百家姓》中的大姓，这个姓源于大禹。大禹的后代在夏朝时被称为"夏后氏"，"后"在当时是帝的意思。周武王建立周朝时，将夏禹后裔中的东楼公封于杞，建杞国。那些没有受封的夏禹的后代，后来便姓了"夏"。

"秋"姓的来历源于一个传说故事。故事说，古代鲁国有个叫秋胡的人，娶妻三日就外出游历做官，三年后才回家。快到家门时，他看到一位美貌女子在路边采桑，那就是他的妻子，可秋胡已经认不出她来了，他的妻子也认不出自己的丈夫了。秋胡想调戏她，声称要送给她20两黄金，女子没有接受黄金，很庄重地说："我是有丈夫的人，他外出做官已经三年了，我闭门独居，从来没有受到过这样的侮辱。"说罢掉头而去，返回家中。过了一会儿，秋胡回到家，才发现他刚才调戏的女子原来是自己的妻子，心里很是惭愧。秋胡的妻子见自己苦苦等了三年的丈夫，回来后竟成了一个品行不端的人，一气之下就跳河自杀了。有的姓氏书上指出，"秋"姓就来源于这个秋胡。

汉朝时，也有一个叫秋胡的人，此人对《尚书》很有研究。一位姓翟的老人很喜欢他研究学问的精神，要把自己的侄女嫁给他，但他却说："古代有个秋胡，已娶妻而失礼，使妻子跳水自杀，我不能娶妻。"翟公也是个有学问的人，听他说完，便笑着说："古代鲁国有两个曾参，赵国有两个毛遂，他们做的事各不相同，怎能因古代的秋胡失礼而你这个秋胡就不娶妻呢？"秋胡听了觉得很有道理，便答应娶翟公侄女为妻子。这也是秋姓的一桩趣事。

"冬"姓的来历源于古代的官名。周朝时，有专门管水利的官叫冬日，这个官的后人有的就以"冬"为姓，于是这个姓就流传下来了。

这便是"春夏秋冬"这四个字作为姓的来历和趣事。

杨羊两姓来历有故事

说起"杨"姓，大家都很熟悉，这个姓在百家姓中也算大姓，但要说还有人姓"羊"，这就鲜为人知了。其实，这个姓不仅有，而且还和

"杨"姓同源于羊舌氏。

春秋时，晋国的晋靖侯有个重孙叫"突"。晋献公时，"突"被封为羊舌大夫。羊舌是个地名，在今山西洪洞、沁县一带。于是，"突"便以"羊舌"为姓，称自己叫羊舌突。羊舌突的二儿子羊舌肸（音xī，希）的封邑在杨。杨也是地名，在今山西省洪洞县东南，于是，羊舌肸又以"杨"为姓，称"杨肸"。他有个儿子叫食我，称杨食我。

杨食我有个好朋友叫祁盈，公元前514年，祁盈家的两个家臣伤风败俗，互换妻子，祁盈知道后，便将这两个家臣抓了起来。这两个家臣一个叫祁胜，一个叫邬藏。大夫荀跞知道这事后，便向国君晋顷公告状说祁盈私自抓人，有违国法。晋顷公不问青红皂白，便下令将祁盈抓了起来。杨食我觉得晋顷公处理得不对，又觉得此事起于那两个家臣，于是，就帮助祁盈家杀死了祁胜和邬藏。晋顷公得知后大怒，下令杀死祁盈和杨食我，并收回了他们的封地。杨食我的后人，一支逃往山东，一支逃往华山。逃往山东的子孙改姓为"羊"，逃往华山的一支仍姓"杨"。这样，"羊舌氏"的后裔便有了"杨"和"羊"两个姓。

据史料记载，由"羊舌氏"分成的"杨""羊"两姓，其后裔都曾出过不少名人，三国时的著名将领羊祜、南朝刘宋书法家羊欣、司马迁的外孙杨恽、被誉为"关西孔子"的东汉著名清官杨震、汉末文学家杨修、隋文帝杨坚等都是羊舌氏的后裔。

"轩辕"也是一个姓

炎黄子孙都知道，黄帝本姓公孙，因生于姬水之滨，改姓姬，号轩辕，是中华民族的祖先，但很少有人知道，轩辕还是一个姓。

据姓氏专家考证，轩辕姓源于地名，他们因居住在轩辕丘（今河南新郑西北）而姓轩辕。另一种说法是因黄帝发明了一种马拉的车子，这种车前顶高、上面有帷幕的车子（称轩），前面有两根架牲畜的直木（称辕），故后人中有人以轩辕为姓。但此姓氏很罕见，历史上，唐代有一名罗浮山道士叫轩辕集，此道士是名寿星，著有《太霞》十二篇，很有点名气；宋朝还有一位叫轩辕损的，除此之外，史籍上很少见到这个姓。

中华民族的人文始祖轩辕黄帝像

1993年，中华黄帝陵基金会成立时，陕西黄帝陵办公室收到了一封信，寄信人叫轩辕耀，家住江苏省淮阴市泗洪县。轩辕耀是在得知黄帝陵基金会成立时，突然感到自己的姓很"高贵"，产生了寻根问底搞清来历的想法，于是写信给了黄帝陵办公室，办公室的同志很惊奇，在此之前，他们从没听说过国内还有姓轩辕的，因此对此很重视，专门将轩辕耀请到了陕西黄帝陵，并在全国进行了深入调查，结果发现，全国只有这么一家姓轩辕的。

被炎黄子孙视为始祖圣地的黄帝陵

清皇族爱新觉罗氏的由来

在中国历史上，皇帝的姓被称为国姓。国姓与普通姓不同，有特殊的显赫地位。皇帝常常将自己的姓赐给有功的大臣和他喜欢的人，以示恩宠。受赐者则感到荣幸，别人也很羡慕。明朝末年的郑成功曾被皇帝赐予朱姓，人们因此称他为"国姓爷"。

清朝是满族政权，满族人的姓氏习惯与汉人不同，他们往往只称名而不加姓。像人们熟悉的被慈禧在垂帘听政前杀害的大臣肃顺，就不是姓肃名顺，他姓爱新觉罗，肃顺只是他的名。镇压戊戌变法的荣禄，也不是姓荣名禄，荣禄姓瓜尔佳，他的姓名全称应是瓜尔佳·荣禄。

清朝的国姓是爱新觉罗。末代皇帝溥仪的姓名全称是爱新觉罗·溥仪，即姓爱新觉罗，名溥仪。康熙皇帝玄烨姓名全称是爱新觉罗·玄烨，乾隆皇帝的姓名全称是爱新觉罗·弘历；溥仪的弟弟溥杰，姓名全称是爱新觉罗·溥杰。

这是溥仪获特赦后，作为一个公民所领到的写有他的全名"爱新觉罗·溥仪"的选民证

说起清朝的国姓爱新觉罗的来历，还有一段美丽的传说。清王朝发祥于东北长白山。传说，有一天，天上有三个仙女降到人间，来到长白山附近的布勒瑚里湖洗澡，正玩得高兴，忽见一只神鹊衔了枚红果飞来，神鹊将红果放到岸边，叫了几声就飞走了。仙女佛库伦抢先游到岸边捡起了这枚红果，穿衣服时含在嘴里，不小心滑到肚子里，她因此怀孕，不久生下一个男孩，长得体貌奇伟，落地便会讲话，佛库伦对他说："你以爱新觉罗为姓，名布

库里雍顺。"这个布库里雍
顺就是清王朝奠基人努尔哈
赤的始祖。这个"姓授于天"
的传说，自然是为了显示其
君权神授的权威。其实，据
专家考证，清朝皇族的姓开
始还不是"爱新觉罗"，而
是"觉罗"。觉罗是地名，
在乌苏里江上游一带，那里
曾是努尔哈赤先辈聚居之处，
这是以居住地为姓。"爱新"
是后来努尔哈赤加上去的。
"爱新"，满族语是"黄金"
的意思。努尔哈赤在"觉罗"
前加"爱新"有两层意思，

溥仪和他的爱新觉罗氏家族中的弟妹们。中间戴墨镜者为溥仪，后立者左二为溥仪二弟溥杰。前排右一是溥仪的七妹韫欢，后来她改姓"金"，取名"金志坚"

一是黄金珍贵，可显示帝王尊严；二是满族的前身是女真族，女真族的完颜氏在历史上曾建立过强大的金朝政权，努尔哈赤在觉罗前加意为"金"的"爱新"，是借此号召女真族人推翻明王朝，完成完颜氏的遗愿。

满族人的姓都是多音节的，受汉族影响，尤其是辛亥革命以后，满族人多冠以汉族姓氏，或取原来多音节姓中的第一个字为姓，或将数个音节相切取一个近音的汉字为姓。如马佳氏改姓马，索绰多氏改姓索，佟佳氏改姓佟，齐佳氏改姓齐，舒穆禄氏改姓舒或徐，瓜尔佳氏改姓关。也有将原有姓的译意改为姓的，如巴颜氏，"巴颜"满语为富有之意，于是将巴颜氏改为富姓。国姓爱新觉罗因含有"黄金"之意，于是被改成"金"姓，如末代皇帝溥仪的七妹爱新觉罗·韫欢就改名为金志坚，其三妹也改名叫金韫颖。溥仪始终没有改，一直称爱新觉罗·溥仪。平时人们提到他时，都是称溥仪皇帝，连有关他的书中，也是这样称呼，

这是由溥杰亲自书写神社之名，安放着他妻子和长女骨灰的爱新觉罗社

很少冠以全名。但有时必须写他的姓名全称，如他被特赦后有了选举权，选民证上写的就是姓名全称：爱新觉罗·溥仪。

溥仪的弟弟也因身份特殊，一直沿用着皇姓，称爱新觉罗·溥杰。溥杰的妻子嵯峨浩本是日本侯爵嵯峨胜之女，嫁给溥杰后，改称爱新觉罗·浩。嵯峨浩病逝后，其部分骨灰被运回日本，同她的长女慧生的骨灰一同安葬在中山神社院子中的一个新建的神社里，这个神社称"爱新觉罗社"，社名是溥杰亲自题写的。溥杰表示，在他去世之后，骨灰一部分撒向祖国大地，一部分也安葬在这里。

姓氏里的有趣故事

中国姓氏文化源远流长，有许多姓氏的来源颇具情趣，充满故事性。

淝水之战中的前秦统帅苻坚，本姓"蒲"，因为出生时，背上隐约可见"艸"和"付"的字样，"艸"与"付"组合为"苻"，"苻"与"蒲"音相同，家人认为这是神赐的姓，是吉祥的征兆，于是改"蒲"姓为"苻"，蒲坚之名也就改为"苻坚"了。

窦姓有各种来源，其中一个来源与狗洞有关。"窦"字本来是指洞、孔，如鼻窦、狗窦。狗窦就是狗洞。相传四千多年前，夏禹的儿子启夺取了政权，建立了夏朝，当王位传至孙子相时，有个叫后羿的诸侯利用夏朝臣民对国君的不满，发动政变，杀害了相。此时相的妻子正怀孕在身，情急之下，从狗洞里爬出，逃回娘家避难，不久生下一个男孩，这就是少康。少康随母亲避难时，后羿被一个叫寒浞的杀死。寒浞杀死后羿后，还想杀死少康，少康闻讯而逃。逃亡中的少康，得到夏的旧部的支持，力量不断壮大，最终打败了寒浞，恢复了夏王朝，历史上称"少康中兴"。少康死后传位予，予为纪念祖母从狗洞里逃出，保住了父亲少康，使夏王朝得以恢复，便改姓为"窦"。

朴姓的来源也有多种，其中一种说法是来源于一个神奇的传说。据朝鲜《三国史记》载，当时朝鲜有个辰韩六部，六部之一的高墟村村长叫苏茂公。一天，苏茂公远远望见杨山脚下的树林间有一匹骏马跪着嘶鸣，他感到很奇怪，便想近前看个究竟，但还没等他走近，马就不见了。只见骏马跪嘶的地方留有一个大蛋，村长将蛋抱回家来，当他将蛋剖开时，里面竟有一个男婴，他很惊奇，便收养了这个孩子。男孩长大后，多才多艺，一表人才。六部的人觉得他来历不凡，便拥戴他做了首领。因为当地人把葫芦称为"朴（瓢）"，而当初那个大蛋很像葫芦，所以，便以"朴（瓢）"为姓了。后来，朴成了朝鲜族的大姓。

有关大姓李姓的来历也有一段故事。相传李姓是远古部落首领颛顼高阳氏的后代。那时的李姓是道理的"理"。这是因为颛顼后代中有一个叫皋陶的人，在尧帝时担任大理官，就是负责处理部落之间纠纷的官。由于他秉公执法，很受人尊敬。他的后人也一直担任这一官职，于是，按照习俗，就以"理"为姓。

到了商朝末年，理征担任了这个官职，由于他刚正不阿，得罪了残暴的商纣王，遭到杀害。理夫人得到消息后，带着儿子利贞逃到了伊侯之墟。母子两人隐藏在这里，艰苦度日，渴了饮山泉，饿了吃野果，理夫人用李树的果实养大了利贞。后来商纣王被推翻，理夫人和儿子利贞重见天日，为了纪念李树的救命之恩，就将"理"改为"李"。后来李姓得到发展，成为中国人数最多的姓氏之一。

车姓也有一个很有意思的来历。汉武帝时，有个丞相叫田千秋，年轻时，为国家做出过贡献，一生忠心耿耿，很受皇帝尊重。年老了，腿脚不好，行动不便，皇帝特许他乘小车出入禁宫。这是一种特殊待遇，人们称他为"车丞相"。他的后人也以此为荣，于是干脆将姓改为"车"了。

充满感人故事情节的复姓

在中国的姓氏文化中，有一种特殊的、充满感情色彩的复姓，叫"恩义姓"。所谓恩义姓，就是指为了报答某种恩德而得来的姓。这种姓大都有一段感人的故事。

在河南省方城县二郎庙乡老代庄村，有一个奇特的复姓家族，共有二十多户，他们都姓"辜高"。这是一个在《百家姓》中查不到的复姓。说起这个奇特复姓的来历，要追溯到明朝末年，那时战争频繁，人口死伤无数，当时的老代庄东南的大华里村只剩下了一老一少两个人。老者姓高，已年过半百，少的姓辜，年仅7岁。高老汉看辜家唯一幸存的根苗孤苦可怜，便收养了他。高老汉尽其全力，将孩子培养成人，并为他娶妻成家。辜家孩子不忘高老汉的恩德，生前殷勤侍奉、孝敬老人，老人死后，给予厚葬，并立碑记述此事，而且还定下了一条家规，今后他们的子孙后代要一代姓辜，一代姓辜高，以接续高老汉的香火。同时规定，姓辜的这一代，起名用字必须与高的含义有关，像山、峰、云、茂等，以示永久纪念。

辜家遗孤生有4个儿子。二儿子曾做过官，后因得罪权贵险遭满门抄斩，被迫逃亡武汉、山东等地，三子和四子及其后人，散居于县城多处做佣耕，只有长子致富，在家乡附近的老代庄置田定居下来。其子孙严守祖训，一代姓辜，一代姓辜高，如今老代庄村的二十多户姓辜高的村民，正是他的后裔。

还有一个叫"张廖"的复姓，其来历与"辜高"复姓相似，也很感人。相传，这一复姓的先人本姓张，受恩于廖姓，为了报答其恩德，便改姓了廖，直到去世才恢复了张姓，恢复的目的是为归葬张氏祖坟。人们有感于此，称其为"活廖死张"。后来，这位张姓的后人，为了纪念这段历史，永远不忘廖姓对自己先人的恩德，便将张姓和廖姓合在一起，改姓"张廖"了。

这种富有感人故事情节的复姓，既是中国姓氏文化内涵丰富的反映，也是中华民族传统美德的体现。

"点"字作姓有新意

中国人向来重视姓氏，将其视为血缘与血统的标志，并将子女从父姓视为这种标志的体现。所以，几千年来，都是严格按子女从父姓这种习俗给子女定姓名。

但是，随着社会的发展和进步，尤其是随着妇女地位的提高，这种观念开始受到挑战，一些有识女性开始提出子女从母姓的要求。当然，要冲破这一观念还是有阻力的。有这样一个例子，广州市天河区有一家庭，丈夫姓杨，妻子姓李，生有两女。妻子要求孩子随她的姓，丈夫不同意，说子女随父姓天经地义，自古以来都是这么定的。妻子坚持，后经协商，双方做了妥协，长女姓杨，从父姓；次女姓李，从母姓。后来，孩子长大了，觉得这样挺好的。

后来，随着计划生育政策的推行，独生子女的问题凸显起来了。"四二一"型家庭（四位老人，两个孩子，一个孙子或孙女）多起来。这样的家庭，第三代随谁的姓就格外受到重视了。按传统，孩子应随父姓，可女方觉得，这样她们家就断了香火，外祖父母很难接受。如果随母亲的姓，同样男方也要断香火，祖父母更不能接受。但一个孩子总不能用两个姓吧，这确实是使这种"四二一"型家庭感到为难的事。

1991年初，江苏苏州一个"四二一"型家庭想到了一个好办法，解决了这个难题。这个家庭的四位老人分属四个姓。祖父母和外祖父母在孩子还没出生时，就讨论孩子生下来随谁的姓，两家都希望孩子能随自家的姓。后经多次商讨，双方想到了一个妙法：孩子谁的姓也不随，另取一个姓，姓"点"。"点"由"占"和"灬"组成。下面的"灬"可分别表示祖父、祖母、外祖父、外祖母的四个姓，上面的"占"则表示四位老人都占有一个"点"，即占有一个姓。寓意全家占有，包含了祖母、外祖母在内的全家所有的姓。对孩子来说，"点"表示占有四位老人的共同关爱。这一主意真是太好了，立即受到全家人的拥护。

这一消息在《扬子晚报》上一登出来，立即引起轰动，这可是件新鲜事，《百家姓》上可没有这个奇特的姓，有人说这是对传统姓氏文化的挑战。但话又说回来，历史上的姓不都是人们根据特定的条件和环境获取的吗？如今，条件环境变化了，新鲜事物不断出现，姓氏也应随之发展，这也是时代的要求吧！

六姓共用的"六桂堂"

中国传统的姓氏文化有很多讲究，建祠堂、设堂号是其重要特点之一。祠堂是同姓家族或家族中的某一支派建立的祭祀祖先的庙堂。它是家族的象征，是家族共同精神和权力的体现。祠堂都有自己特定的名称，这个名称就叫堂号。堂号的取法，或根据本族姓氏的发祥地而定，如"太原堂""天水堂"；或为表彰纪念祖先而定，如"种德堂""四知堂"。"四知堂"的来历有一个典故，它是东汉杨震后人取用的。杨震是东汉著名清官，有"关西孔子"之称。史书记载，他在赴东莱任太守时，途经昌邑，昌邑县令王密曾受恩于他，深夜怀金至其住处，说是"暮夜无知者"。杨震对此十分憎恶，怒斥道："天知、神知、我知、子知，何谓无知！"说罢，将王密赶了出去。其后人为纪念他的美德，遂将堂号定为"四知堂"。另外，堂号还有用祖先官称的，也有用封建礼教要求定的。总之，它们都有特定的含义。

福建有一个堂号很特殊，叫"六桂堂"，是一个很有影响的堂号，这个堂号不是同姓家族共用的，而是洪、江、翁、方、龚、汪六姓共用的堂号。为什么会出现六姓共用一个堂号的现象呢？说起来还有一段不凡的历史。唐代有一名进士叫翁轩，曾任闽州刺史，后定居福建莆田竹啸庄。五代十国时，他的裔孙翁乾度居泉州，曾任闽王礼部郎中。乾度生有六子，闽国被南唐消灭后，乾度为避祸将六子改了姓，长子改姓洪，次子改姓江，三子用原姓，四子改姓方，五子改姓龚，六子改姓汪。六个儿子分别居住在莆田的竹啸庄等地。六兄弟很努力，都考中了进士，曾轰动一时，传为佳话，被誉为"六桂联芳"。六兄弟子孙繁衍，家族兴旺。六家族的后人认为他们虽然姓氏各异，但追根溯源，都是翁氏后裔，同一祖先，而且自己的先人还有同是进士的光辉历史，于是商定全

匾名"金紫六桂"的六桂堂大门

部用"六桂堂"为堂号，以示庆贺和纪念。为了告诫子孙，他们还编了一首分姓渊源诗："诸子传流分六姓，兄弟南北各西东，枝分南北东西省，六姓原来是一宗。但愿儿孙知同族，婚姻嫁娶莫乱纲。"并把它收录在各姓的家谱中，以示不忘本源和婚姻方面的回避，并借以加强联系，促进大家族兴旺发达。如今，六桂堂的子孙已分布在海内外的许多地方，为了不忘祖宗和兄弟情义，他们经常进行家族之间的联谊活动，并在海外也成立了"六桂堂"。海外第一个"六桂堂"是在新加坡成立的，后来在中国台湾、北美、日本、澳洲等地也都成立了"六桂"宗亲社团。

我国历史上的一次著名姓氏改革

我国是一个有着56个民族的文明古国，在五千多年的文明历史进程中，曾有过几次大规模的民族融合。民族融合也带来了姓氏的改革和发展。我国历史上最具影响的一次姓氏改革，就是北魏孝文帝汉化运动时的姓氏改革。

北魏是鲜卑族拓跋部建立的少数民族政权。其先人原生活在内蒙古北部的一个叫嘎仙洞的山洞里，后来南迁至今内蒙古呼伦贝尔大草原呼伦池一带，并逐渐发展起来，其势力不断向南扩张，最后建立了北魏政权，并统一了中国北方。

拓跋部在建立政权和入主中原的过程中仍实行奴隶制，与早已进入封建社会的中原其

北魏孝文帝（前戴皇冠者）画像

他民族，尤其是汉民族相比，还比较落后。为了加快文明进程，巩固统治，北魏统治者采取了招纳汉族大地主参加他们的统治集团，使用汉族封建统治制度的措施。这些措施使北魏得到了迅速发展。

北魏孝文帝是一位有见识和有作为的鲜卑族皇帝，在他统治时期，进行了一场颇有影响的以"汉化"为主要内容的改革运动。在他制定的一系列汉化政策中，除迁都洛阳、改革鲜卑旧俗、改穿汉族服装、学说汉话、提倡与汉族通婚外，还有重要的一条就是姓氏改革。孝文帝认为，姓氏改革如不能成功，其他各项改革势必受到影响。因此，他对这项改革特别重视。

为了表示改革姓氏的决心，他首先将自己的拓跋氏改为元姓，取名元宏，并于太和二十年即公元 496 年，下诏告知全国人民。他在诏书中说：拓跋氏祖先出于黄帝，其赖以生存的黄色土地是万物之元，所以他应改姓元；同时诏令功臣旧族和鲜卑人都要改为汉姓。既然皇帝带头改了姓，其他人谁还敢不改。于是，姓氏改革全面展开了。

鲜卑族原来的姓多是两个字或三个字，甚至是更多字的复姓。改为汉姓时，他们多采用"切音"或取其中一字之音的办法，将多字姓改成一字姓，如"纥骨"改为"胡"，"纥奚"改为"嵇"，"独孤"改为"刘"，"贺楼"改为"楼"，"贺葛"改为"葛"，"尉迟"改为"尉"，"贺赖"改为"贺"，"秃发"改为"源"，"丘穆陵"改为"穆"，"步六孤"改为"陆"，"勿忸于"改为"于"，"胡古口引"改为"侯"。还有一个"一那娄"改成了"一"，成了中国姓氏中很有趣的数字姓。据全国第三次人口普查，现在安徽阜阳市、山东嘉祥县、山西运城地区还有人在用这个"一"姓。另外还有"拔拔"改成了"长孙"。对此姓还有一个说法，说拓跋珪做皇帝后，因堂叔拓跋嵩是曾祖父拓跋郁律的长房孙子，便赐他姓"长孙"。

姓氏改革时，有一个姓没有改，就是"贺若氏"，这是诏令中明确规定特许的。因为"贺若"在鲜卑语里是忠心正直的意思。据统计，当时被改的姓氏共有 144 个。其中不仅有鲜卑族的，还有匈奴、柔然、高车等少数民族的。如人们熟悉的《敕勒歌》："天苍苍、野茫茫，风吹草低见牛羊。"它就是敕勒族民歌，敕勒族是古代的高车族，因其习俗喜乘高轮车，故名。敕勒也作姓，孝文帝时改作"谢"。《旧唐书·文苑传》记载，有一个叫谢偃的，是敕勒族人，他的祖先本叫敕勒孝政，曾做过北齐的散骑常侍，后改姓谢，名谢孝政，于是后人也便姓了谢。

孝文帝时所改之姓，后来大都收入宋人编写的《百家姓》中了。

孝文帝在进行姓氏改革时，还建立了门阀制度。这个制度，将皇族之外的 8 个显赫家族，根据其政治地位，用改的汉姓排了等级顺序，即穆、陆、贺、刘、楼、于、嵇、尉。

与此同时，孝文帝还下令依据以前的谱系传统评定汉族大姓，评出了清河崔氏、范阳卢氏、荥阳郑氏、太原王氏四大姓。陇西的李氏听到消息稍晚一点，怕评不上，急忙带着礼物骑着骆驼星夜赶往洛阳。结果还是晚了一步，朝廷已经把排序结果公布了，陇西李氏从此落了个"驼李"称号。

孝文帝的姓氏改革对后世影响很大，对促进民族融合发挥了重要作用。隋唐时期许多重要人物都与这次融合有关。隋朝开国皇帝隋文帝杨坚的妻子就是鲜卑族原独孤氏之女。杨坚也因与鲜卑族贵族子女通婚而有一个"普六如"的鲜卑族姓。唐朝唐太宗李世民的生母也是"独孤氏"，而且和杨坚的妻子是姊妹。李世民的妻子长孙皇后也是鲜卑族拓跋嵩的后裔，她的哥哥长孙无忌是辅佐李世民治国平天下的功臣。

趣谈台湾的怪姓

台湾自古以来就是中国的领土，台湾居民除了少数本地少数民族为原住民，绝大部分是来自祖国大陆的移民，正因如此，台湾人的姓氏与大陆是一致的。台湾人所说的"陈林半天下，黄郑排满街"，几乎和福建、广东等地情况一样。但台湾也有不少怪姓，这些怪姓，有的来自祖国大陆，有的则产生于台湾当地。

台北市文山区有一个姓"第五"的人家。据考证，这姓缘于战国末期秦始皇统一中国、消灭齐国时，当时的齐国田姓王族国破逃亡，逃到都城郊外清点人数时，正好有8人，因为怕秦兵追捕，便改田姓为"第一""第二""第三""第四""第五""第六""第七""第八"。从此世上有了用这8个序号为姓的怪姓。汉朝时，有一个大官叫第五伦，后来第五伦的后人辗转到了台湾，于是台湾有了"第五"这个怪姓。

台湾还有姓"者"的，这个姓的来历也很有趣。相传，清朝后期淮军中有个叫"阿贵"的将领，不识字，因战功累升为总兵，许多人问他姓什么，他却表示不知道，只知自己叫阿贵。后来，此事被李鸿章知道了，于是决定给他取个姓，就把他召来，指着他桌子上的一纸公文说："你就在上面挑个字当做姓吧。"结果，这位将领在公文上挑了个"者"字，从此他便姓了"者"。台湾姓"者"的都是他的后裔。

台湾还有两个怪姓，一个是"矢"，一个是"胖"。据说，"矢"姓是后梁末代皇帝朱友贞被李存勖灭亡后，朱氏族人中的一支流落到江西鄱阳，怕被追查，便改姓隐瞒，将"朱"字截头去尾，变换成了"矢"。"胖"姓也与朱有关，那是朱元璋建立的明朝灭亡后，曾任明末两湖巡按使的朱燮隐居到唐山玉田，他把"明"字一分为二，只留"半"壁江山，凑成一个"胖"字，并以此字为姓，由"朱"姓改为"胖"姓。可能是他们后裔中有人到了台湾，为台湾留下了这样两个怪姓。

台湾还有人姓"毒"（读"劳"音），据说这个毒姓来自一个爱情悲剧故事。故事说，唐朝时有一个叫窦怀贞的青年，与公主相爱，皇帝不同意，两人被迫逃亡，皇帝知道后派兵追赶，两人见无法逃脱，便双双自杀殉情，没想到窦怀贞死了，公主却活了过来。此时公主已怀有身孕，孩子生下来后，她为了让孩子记住狠毒的皇上，便给孩子改姓为"毒"。

台南有个女子姓"烧"，嫁给一个姓"连"的，冠夫姓后，被称"连烧"，开始家人尚不介意，时间长了，老是"连烧""连烧"地叫，怕被叫得有一天家中会烧起来，于是要她去改姓。实际上，此女子本来姓"萧"不姓"烧"，台湾"萧"与"烧"谐音，是当初报户口时，户政人员听错了，误写成了"烧"。如今她要求改过来，户政部门查清后，也就照办了。

据台湾姓氏专家陆炳文说，台湾大约有一百个稀有姓氏，很多都是怪姓，除上面所说的，还有妈、乳、豹、蚋、子、出、用、眉、兔、鼠、虎、龙、蛇、猴等等。有的姓，在台湾只有一个人姓，或一家人姓。如新竹市有个洗衣店的老板姓"闸"，在台湾仅此一家，而他又仅有一个独女，女儿出嫁后，这个姓也就绝户了。所以，有人说，台湾的这些稀有姓氏还要想办法好好保护呢。

台湾同胞与敌斗争巧改姓

1894 年中国在中日甲午战争中惨遭失败，1895 年日本政府强迫清政府签订丧权辱国的《马关条约》，割占了台湾和澎湖列岛，从此台湾沦为日本的殖民地，直到第二次世界大战结束，日本战败投降，台湾才归还中国。

在台湾被日本侵占的过程中，台湾人民展开了英勇顽强的抵抗和斗争。他们自发地组织义军，沉重打击了登陆台湾的日军。台湾名士丘逢甲在得知清政府同日本签订《马关条约》割让台湾时，义愤填膺，三次刺血上书，要求清政府废约抗战。当日军入侵时，他组织义军，奋起抵抗，曾在台中地区的新竹与日军血战了二十多天。在抵抗失败后，丘逢甲被迫返回大陆。在大陆期间，他始终不忘收复台湾，统一祖国，为此，他给儿子更名为丘念台，将自己的房舍取名"念台精舍"，并自称"台湾遗民"。他还写诗明志："没蕃亲故沦沧海，归汉郎官遁故山。已分生离同死别，不堪挥泪说台湾。"病逝前，他还留下遗言："葬须东向，吾不忘台湾也。"

日本侵占台湾后，推行"皇民化运动"，规定台湾人民必须改单一汉姓为日本式的双字姓，以图消灭台湾人民的民族意识，利于其统治。台湾人民思念祖国，

台湾著名爱国士绅丘逢甲

不愿更改具有汉民族标志的姓氏。他们进行了坚决的抵制，后在日本统治者的高压之下，被迫更改，但台湾人民在更改时却使用了一种巧妙的办法，使其所改之姓仍保留原姓的血缘关系或内在含义。如有的用地望堂号代表原姓，姓陈的改姓颖川，姓王的改姓太原，以示不忘祖先。有的用先祖的封号或史书中的典故改姓，如姓刘的改姓中山，这是因为历史上有个中山靖王叫刘胜，是西汉开国皇帝刘邦的后裔。姓李的改姓井上，则是因为亚圣孟子有"井上有李"之句。还有的则是根据字形寓意改的姓，如姓石的改姓岩下，其意是岩下有石；姓吕的改姓宫内，其意是宫内有吕，暗含原来的本姓。

日本人不懂其中的奥秘，还以为他们归化台湾人的目的达到了。实际上，台湾人民始终没忘记祖国，没有忘记自己是炎黄子孙，一直在同日本统治者做斗争。台湾光复之后，改姓的台湾人民的子孙在得知其前辈的斗争历史和本姓后，又都恢复了原来的姓氏。

为避祸而巧改姓氏

人们常常将姓氏视为家族血统的标志，认为姓氏是老祖宗流传下来的，绝不能更改。所谓"行不更名，坐不改姓"就是这个意思。但有时候由于种种原因还不得不改姓，其中因避祸而改姓的现象在我国古代时常发生。这种改姓多是因为在政治斗争中失利，或触怒了皇帝和高官，或为仇敌所逼，当事人为免遭杀害或株连被迫改变姓氏。他们在改姓时，又不愿忘记祖宗，于是，往往采用一种表面看来已改变了姓，而实际上所改之姓仍保留着原姓的痕迹或内容的巧妙方法。这也可以说是中国姓氏文化的一个有趣现象。

人们所熟悉的西汉著名史学家司马迁，因受"李陵案"的牵连被处以宫刑，他的两个儿子为防株连，保全家族，被迫改了姓。其中长子司马临从司马复姓中取出一个"马"，并在"马"的左边加两点，改姓为"冯"。另一个儿子司马观，从复姓司马中取出一个"司"，并在司的左边加一竖，改姓"同"。现今司马迁的故乡陕西韩城嵬东乡龙门寨徐村虽没有了司马姓，但村子里居住的冯姓、同姓却还有不少，他

西汉著名史学家司马迁画像

们都是司马迁的后代。所以，千百年来，冯、同两姓一直同祭一祖，互不通婚，因为他们本来就是一家。

明朝名士方孝孺因拒绝为明成祖朱棣登基拟诏书，遭到朱棣残酷杀害，并株连族人，只有很少的人得以逃脱。这些人为躲避追杀，被迫改了姓。有的改姓"六"，有的改姓"施"。其实，这两个姓都是由方姓衍变而来，"六"是

将"方"字右下边的笔画由横下折改为一捺，"施"是"方人也"的组合，而"方人也"就是"方家人"的意思，虽然不再姓方，但仍与方姓紧密联系着。

方孝孺

西汉时的韩信也是大家熟悉的人物。刘邦与项羽争霸时，拜韩信为大将，韩信为刘邦打天下立下了汗马功劳。刘邦战胜项羽做了皇帝之后，感到韩信功高盖主，威胁到了他的统治，于是便罗织罪名夺了他的兵权，后又说他要造反。韩信也意识到刘邦要杀他，诛灭他的家族。为了保全后代，他与萧何商量，在萧何帮助下，其后人中的一支逃到了广西，改姓"韦"。"韦"字是"韩"字的一边。其意含有韩氏留下的一半后人之意，也表示不忘祖宗，保持着与韩姓的联系。其后人在广西生息繁衍，韦姓逐渐成了广西的大姓。

当年抗金英雄岳飞受秦桧迫害时，他的后裔中的一支为了避祸，也

韩信

被迫改了姓。改的新姓是个"岜"字，读"ya（亚）"，这是将原来的"岳"姓翻了个儿，仍然是用老祖宗的"岳"姓中的"丘"和"山"组合的，只不过组合的方式不同罢了。如今，辽宁的昌图、沈阳以及安徽等地仍有人在使用这个姓。沈阳人民法院就有一个人姓这个姓，安徽省涡阳县也有一个村子有人姓这个姓，他们都说自己是岳飞的后代。

东汉末年，有一个姓氏的读书人，名字叫氏仪。氏仪和当时的名士孔融，

岳飞

也就是那位4岁就知让梨的孔子后裔关系很好。两人在一起无话不谈，有时也相互嘲讽取乐。有一天，孔融忽然很严肃地对氏仪说："你的姓里包藏着杀身之祸。"氏仪见孔融讲得很认真，便追问是何原因，孔融说："你姓氏，民无头为氏，民的头不就是皇上吗？你姓的这个'氏'，不就是暗喻皇上无头吗？"氏仪听孔融这么一说，还真吓了一跳，急忙请孔融帮他改个姓。孔融想了一会儿，说："不如将'氏'改成'是'，既避开了忌讳，又是同音。"氏仪听了，觉得很好，便采纳了他的建议，改姓"是"了，名字也由"氏仪"改成"是仪"了。

诸葛亮本不姓诸葛

诸葛亮可以说是中国历史上名气最大的人物之一，不仅在中国家喻户晓，人人皆知，就是在世界上，也是很有知名度的。一千多年来，人们通过各种形式，歌颂他的功绩，赞誉他的美德，诸葛亮的美名和形象已深深地印在了人们的心中。

如果现在有人说诸葛亮本不姓诸葛，你一定会感到惊奇，这可能吗？一千多年来，人们不都一直叫他诸葛亮

诸葛亮

吗？事实上，诸葛亮的先人真的不姓诸葛，而是姓葛，这在史书上是有记载的。晋人陈寿所著的《三国志》中没有提这件事，但裴松之为《三国志》所作的注里却有明确的记载。裴松之在为《三国志》中的《吴志·诸葛瑾传》作注时指出："（诸葛瑾）其先葛氏，本琅琊诸县人，后徙阳都。阳都先有姓葛者，时人谓之诸葛，因以为氏。"这条注释是说，诸葛瑾的祖上本姓葛，是诸县人，迁到阳都后，因阳都也有姓葛的，当地人为了把他们与当地姓葛的区分开，便称他们为诸葛，意思是从诸县来的葛姓。后来诸葛瑾的先人便用诸葛作了姓。诸葛瑾是诸葛亮的亲哥哥，诸葛瑾的先人当然也是诸葛亮的先人。由此我们可知，诸葛亮确实本不姓诸葛，而是姓葛。按三国时取名用单字的习惯，诸葛亮的名字应是"葛亮"。

郑和本姓马

郑和是我国古代伟大的航海家，他从 1405 年到 1433 年，先后七次远航下西洋，遍访亚非三十多个国家，总航程达七万海里以上，在世界航海史上谱写了辉煌壮丽的篇章。郑和的英名流芳千古，享誉海内外。但郑和并不是他的原名，郑和本姓马，原名叫马和，因在家排行第三，人称三宝。郑姓是明成祖朱棣赐给他的。说起来，这里面还有一段辛酸的历史。

1371 年，郑和出生在云南昆阳州（今昆明市晋宁区）一个世代信奉伊斯兰教的名门望族家庭。据考证，其始祖为阿拉伯圣

这是郑和下西洋时，当地土人向他进贡方物时的情景

王穆罕默德的后人，曾任西域天方国普化力国王，后归顺了宋朝。宋元时期，其先人在朝廷为官。元朝时，受元世祖之命出使云南，举家迁居云南。其先祖在云南为官时，很有政绩，去世后被赠以"守仁佐运，安远济美功臣"的称号。郑和的先人都是虔诚的伊斯兰教徒，其祖父和父亲都曾到伊斯兰教圣地朝圣过。父亲经常向他讲述去麦加朝圣的情况和沿途的所见所闻，这对幼小的郑和影响很大。但不幸的是，在郑和11岁时，父亲便因病去世了。第二年，他又被进入云南的明朝军队俘虏去，并被送进燕王朱棣王府中做了一名太监。这一辛酸的变故改变了他一生的命运。

郑和聪明伶俐，在朱棣的王府中逐渐适应下来，并取得了朱棣的信任。在朱棣发动"靖难之变"与侄儿朱允炆争夺皇位时，郑和跟随在朱棣身边，他机智有胆略，多次出入战阵，而且献计献策，屡建奇功，很得朱棣赏识。朱棣称帝后，立即升任他为内官监太监，这是专门侍奉皇族的机构，很有实权。朱棣除为郑和升官外，还亲笔写了一个"郑"字，赐他为姓。历史上明朝皇帝很少用自己的姓赐姓，赐郑和为"郑"姓，是为了表彰他在燕京郑村坝战役中所做出的贡献。这是一场扭转战局的关键性战役，在这场战役中，朱棣打败了朱允炆的大将李景隆率领的50万大军，他的一匹宝马也战死了。朱棣鉴于郑和在这次战役中立有显赫战功，同时为了纪念自己的宝马，便将郑村坝地名"郑"赐给他为姓，改马和为郑和。这就是郑和名字的来历。

郑和后在著名的道衍和尚的引荐下，接受了菩萨戒，成了佛门弟子，并取了一个法名叫福吉祥。这在郑和施舍给云南五华寺的一部《大藏经》的题记中有明确记载。题记写道："大明国奉佛信官太监郑和，法名福吉祥……"其中多处提到郑和法名为福吉祥。题记落款"永乐十八年庚子五月吉日福吉祥谨题"，再次用了这个法名。

综上所述，我们知道，郑和原姓马，叫马和，是朱棣赐他"郑"姓后，才叫郑和的。

李鸿章原本不姓李

李鸿章是中国近代史上的显赫人物。在清朝晚期的动乱年代，他身居要职，独揽大权。他曾兴办团练，组织淮军，镇压过太平天国运动；曾主持过洋务运动，兴办了许多新型企业，编练过中国近代的海军；他曾主持清政府的外交，与列强签订了一个又一个屈辱条约。他的名字早已为国内的人们所熟知。但这位显赫的人物原本不姓李而姓许，这却是鲜为人知的。

李鸿章

原来，李鸿章的祖上本是江西省湖口县人，姓许，是合肥李家的外甥。由于李家没有儿子，便将这姓许的外甥过继过来做了儿子。于是，这许姓的外甥便来到了合肥李家，改姓了李，成了合肥李家的接班人，其子孙也便成了合肥李家的后人。为此，合肥李家祖传了一条规定：许李两家不通婚。

李氏家族本是农民出身，直到李鸿章父亲李文安这一代才进入仕途。李文安于道光十八年考中进士，开始只当了一个主事的小官，后来一步步升到郎中，最后做了一个记名御史。李文安为官清廉，口碑不错。

李文安字玉泉，号愚荃，有6个儿子。他在为儿子取名字时，都加进了自己的"荃"字：长子瀚章，字筱荃；二子鸿章，字少荃；三子鹤章，字季荃；四子蕴章，字和荃；五子凤章，字稚荃；六子昭庆，字幼荃。李鸿章因排行老二，所以还有一个"李二先生"的称号。

李氏家族发达了之后，对文字的避讳也讲究起来。李鸿章兄弟六人及其子孙，在书信往来中有一条规定，凡遇到"请安"字样时，其中的"安"字必须改用"绥"来替代。这是避文安之名讳。在李鸿章兄弟显赫之时，所有的王公大臣、门生僚属、亲戚朋友也都严格遵守这一禁条，在写给李鸿章及其兄弟和家人的文书中遇到有"安"的问候词或致礼词时，都要改成"绥"，如"台安"改为"台绥"，"勋安"改为"勋绥"。这一用法在现在的应酬书信中还在使用，只是人们可能已不知这是在避李鸿章父亲的名讳了。

宋氏家族本姓韩

由宋耀如创业的宋氏家族，可以说是中国近代史上最显赫的家族了。宋耀如的三个儿子宋子文、宋子良、宋子安都学有所成，身居要职。宋耀如的三个女儿宋蔼龄、宋庆龄、宋美龄更是女中翘楚，闻名中外。他的三个女婿孔祥熙、孙中山、蒋介石也都是民国政坛风云人物。国民党时期的"四大家族"，蒋、宋、孔、陈，与宋氏家族有关的就有三家。

但很少有人知道，这个显赫的宋氏家族，其先人并不姓宋，而是姓韩，其祖籍也并非广东文昌，而是河南安阳。

据考证，宋氏家族所能追溯到的远祖是北宋时代的名相韩琦。那时的韩氏家族已不在祖籍安阳，而是聚居在雷州半岛的雷州市。南宋时，举家迁往海南岛文昌市。从此，韩氏家族便在海南岛文昌市定居繁衍。如今，文昌县韩氏家族约有十多万人，是文昌市人数最多的大姓氏。

宋耀如生于1861年，是文昌韩氏的第23世孙，本名韩教准，乳名阿虎。至于后来为什么改姓宋，较为流行的说法是：阿虎自幼聪明机灵，小时随长兄到国外谋生，初到东南亚，后去了美国。他在国外时，有一次，有人问他叫什么名字，他随口回答叫"嘉树"，由于他广东口音很重，外国人听成了"查理松"。后来，他在美国神学院学习时，便借用了这个名字，有时他给家里写信，也署"查理松"。后来，感到"松"不像中国人的姓，便改用了"宋"。待到从神学院毕业回到上海传教时，他便改名为宋查理了。

其实这种说法并不正确，真正的原因是因为他过继给了姓宋的堂舅。这位堂舅是他一位宋姓婶婶的弟弟，当时在美国经商，看中了他并将他过继为自己的儿子，把他带到了美国，改名为宋嘉树，号耀如。从那之后，宋教准便改姓换名为宋嘉树，又名宋耀如。

宋耀如同情孙中山的革命活动，曾给予孙中山很多的资助，为此受到人们的尊敬，加之几个子女都有建树，成为名流，他的名气也越来越大。宋氏家族闻名于世，但其源于韩氏家族的历史却鲜为人知。

丁玲本姓蒋

著名女作家丁玲，本姓蒋，名蒋伟，1904年出生于湖南临澧。蒋伟的名字是她父亲给起的，父亲名叫蒋浴岚；母亲叫余曼贞，结婚6年没有儿子，曾生过一个女儿，后来夭折了。蒋伟出生后，父亲期望她能像男孩一样长大成才，故给她起了这么一个男性化的名字。丁玲生前曾说，她小时候听父亲说，他们原是明朝末年起义领袖李自成的后人。李自成兵败以后，化装成姓蒋的逃难者，带着妻小来到临澧住了下来，并在此繁衍兴旺起来。后来，老人去世，其长房一支迁回陕西米脂，恢复了李姓，留在临澧的一支仍姓蒋，他们就是这支蒋姓的后人。

丁玲的母亲是位知识女性，喜爱文学，

年轻的丁玲

思想开放，对丁玲影响很大。1921年，丁玲在母亲支持下，与好友王剑虹一起来到上海，进入陈独秀、李达等共产党人创办的上海平民女校学习。当时，许多进步青年，为表示与封建思想决裂，赶上新时代的步伐，喜欢废姓改名，选用富有时代精神的姓名。丁玲受其影响，也去掉了自己的蒋姓，取了一个新名叫"冰之"。后来，有人对她这个名字有议论，她也感到这名字给人一种冷冰冰的感觉，于是她在这名字前加了个"丁"字，改称"丁冰之"，"丁"也便成了她的姓。后来，她又想去当演员，准备重新起个名，她和几个好朋友约定，大家闭上眼到字典上去抓，抓到哪个字，哪个字就是自己的新名，结果她抓了个"玲"字，于是"丁玲"便成了她的新名，也成了她的笔名。1927年10月，她的处女作《梦珂》在《小说月报》上发表，她第一次使用了"丁玲"这个笔名。此后，她又用丁玲这个笔名，连续发表了许多作品。她的作品，文笔流畅，人物心理描写生动而细腻，轰动一时，"丁玲"这笔名也从此显耀起来。

说起丁玲的名字，还有一段趣事。1984年，丁玲在人民大会堂宴会厅参加一次聚会，会上有一位美国女士将丁玲的名字和明十三陵中的定陵联系在一起。于是她向丁玲提出了一个奇怪的问题：你的名字丁玲和定陵有什么关系？时年已是80岁的丁玲听了她的问话后，微微一笑，说道："有关系。定陵是坟墓，我们这些人最终都要走向坟墓的。"美国女士听后接着说道："啊，这是两个世界，这个世界是愉快的，而那个世界是谁都不愿意去的。"丁玲说："在这个世界里也有不愉快的，也有烦恼，但那个世界是谁也逃不掉的。"丁玲机智巧妙的回答，使那位美

这是1931年史沫特莱在上海为丁玲拍摄的一张照片

国女士越发敬佩中国的这位著名女作家。

丁玲是一位勇敢追求真理的女性，在 20 世纪 30 年代白色恐怖时，她仍勇敢地与敌人展开斗争，并取了个"琅玕"的笔名，意思是不怕"银铐入狱"，以示对反动当局的蔑视。反动当局对丁玲等革命作家非常仇恨和惧怕，1933 年 5 月，他们在上海秘密绑架了丁玲，并将她押往南京囚禁。丁玲失踪后，音讯全无，许多革命者认为她已被敌人杀害，为此鲁迅还专门写了一首悼念她的诗："如磐夜气压重楼，剪柳春风导九秋。瑶瑟凝尘清怨绝，可怜无女耀高丘。"

丁玲在延安时的留影

丁玲在南京被囚禁三年多后，在共产党人的帮助下逃出南京，去了延安，受到了毛泽东等领导人的热烈欢迎。在延安，丁玲创作了大量革命文学作品，为革命做出了积极贡献，深受读者敬爱。

丁玲才华横溢，文章写得很精彩，在国内外影响很大。她的《太阳照在桑干河上》被授予了斯大林文学奖。

1949 年后，充满革命激情的丁玲，积极从事新文学创作，写下了许多优秀作品，但不幸的是，在政治运动中她屡遭打击。1955 年被定为"丁陈反党集团"，遭到批判，1957 年被定为"右派"，被迫进行思想改造，1970 年又被"四人帮"逮捕入狱，直到 1975 年，她才被释放，得以平反。

1986 年，这位有过光辉历史而又历经坎坷的著名女作家因病去世，终年 82 岁。

由家谱考证出来的名人之后

　　家谱是中国姓氏文化的重要内容，是记录家族成员血缘关系的典籍。它记录着家族的发源、生息、繁衍的全过程。据姓氏专家考证，商朝时就有了简单的家谱了。到了西周，出于封建宗法制度的需要，有了专门掌管家谱的官员。到后来，家谱越来越受人们重视，尤其是达官贵族、名门望族，他们将修家谱看作是显示自己身份和地位、期盼家族兴旺发达的重要标志。正因如此，历史上保留下来了大量的撰修完整、记载详尽、内容丰富的家谱。国家图书馆和上海图书馆都收藏有大量家谱，其中上海图书馆收藏有一万二千多种，近十万册。

　　家谱作为反映姓氏和家族发展历史的重要典籍，其价值是多方面的，它是前人为我们留下的一份宝贵文化遗产。家谱不仅能使人们了解姓氏家族的繁衍、变迁和宗法制度的演变，还为人们研究社会风俗、历史人物等，提供了丰富的内容。家谱在寻根问祖方面的作用尤为突出。香港船王包玉刚是包拯的后人，爱国诗人闻一多是文天祥的后裔，就是从家谱中考证出来的。

　　包玉刚，1918年11月生于浙江宁波，1949年前他曾任上海市银行副经理兼业务部经理，1948年离开内地到香港，在香港经营航运业，发展很快，号称"世界船王"。1987年，包玉刚应邀回内地访问。就是在这次访问中，他从保存在我国最古老的藏书楼天一阁的《包氏家谱》中查到，他是宋代名臣龙图阁大学士包拯的第29代孙，这一发现令包玉刚无比兴奋和自豪。据说，当时包玉刚高兴得眉开眼笑，转眼间又流下了幸福的眼泪。

　　闻一多是大家所熟知的爱国诗人。他于1899年出生于湖北省浠水县巴河镇闻家铺一个书香门第家庭，原名闻家骅，字友三。闻家骅又名

闻亦多，投考清华时，为取简便，改名
"闻多"。五四运动后，他主张取消字、
号，甚至取消姓。一天，他对同学说，
他决定取消姓，改一个简单的名字，但
不能光叫"多"，有一个同学说，"一"
字最简单，你就叫"一多"吧！后来他
恢复姓，就叫闻一多了。

　　闻一多生前曾对闻氏家族进行过考
证，指出浠水闻氏系宋代爱国名将文天
祥的后裔。他曾给孩子们讲过家乡的一
个传说：文天祥遇害后，其族人文良辅

爱国诗人闻一多

为避祸，改文姓为闻姓，逃到江西，后又流落到湖北浠水，并在浠水生
活繁衍开来，现在浠水的闻氏家族，就是文天祥的后裔。闻一多生前还
计划就此编写一本《闻氏先德考》，可惜，还没来得及写，就被暗杀了。

　　近来，人们在闻一多考证的基础上，在对文天祥第 22 世孙文明杰
和第 24 代孙文尚雄保存下来的《文氏宗谱》与闻一多家族的《闻氏宗谱》
进行比较研究后发现，《文氏宗谱》中确有文良辅此人，而《闻氏宗谱》
的起端，恰是闻良辅，两人不仅名字相同，而且都是江西吉安人。从
家谱的连续性上看，《文氏宗谱》写到文良辅就中断了，而《闻氏宗谱》
恰恰是从闻良辅开始写起的。这说明《闻氏宗谱》应是《文氏宗谱》
的继续，是同一家谱。由此，说闻一多是文天祥的后裔是有根据的。

趣说姓氏与基因

　　如果有人告诉你，查查你的基因，便能知道你祖上到底姓什么，医
生将来看病不仅要根据病情，还要根据姓氏来开药。你会说，这怎么

可能？

这绝不是天方夜谭，这种可能性正在逐渐变为现实。因为科学家已发现中国人的DNA遗传密码与姓氏有着惊人的关联度。

人的性染色体分为X、Y两种，Y染色体是男性独有的染色体。而中国的姓氏，一般都是随男性相传的，所以男性所独有的Y染色体的基因信息也大体上随着姓氏代代相传，这就是"姓氏基因"。

中国人的姓氏观念很强，很注重修谱联宗，这个传统已有四千多年的历史，这为"姓氏基因"的研究提供了丰富的素材。中科院遗传研究所人类基因研究中心专家袁义达和他的同事对姓氏基因进行了长期深入研究。他们从500部文献中查出数千个姓氏的几百万个数据，在对这些数据进行计算分析后发现，中国姓氏的分布有着明显的规律，在几千年的历史传承中，保留着相对的稳定性和隔离性，而人群的生物遗传信息与姓氏分布又是一致的。这就是科学家根据姓氏来确定基因和根据基因确定姓氏的基础。现在这一研究已取得很大进展。如果有关姓氏和基因的研究全部完成，那么，人们就可轻而易举地通过基因确定一个人或家族的真实姓氏。

根据对姓氏基因的研究，中科院上海生理研究所著名神经遗传病基因研究专家贺林教授指出，药物也有"百家姓"。贺教授说，在日常生活中我们会发现，患同一种病的病人，吃了同一种药，却有不同的疗效，其原因就是他们的基因有差异，而基因的差异又与姓氏紧密联系着。所以，贺林教授认为，如果医药专家在研制药品时，能从基因方面考虑，那么，这种药品就有姓氏针对性，依姓氏服药，则药效就会大大提高。到那时，医生开药就必须考虑姓氏这个因素，病人也必须按姓氏服药了。

据说，目前世界各国医学界对此均十分重视，一些著名的医药公司正在投巨资研究开发这种有姓氏针对性的药品。

二　姓名寓意

细说孔子的姓和名

孔子是我国古代伟大的思想家、政治家、教育家，也是世界文化名人之一。美国纽约曾出版过一本《人民年鉴表格手册》，书中选列了10位在世界上影响深远的思想家，其中名列第一位的就是孔子。

孔子名丘，字仲尼，生于公元前551年，死于公元前479年，春秋时鲁国陬邑人。

孔子的姓和名，都有一番来历。孔子的先人本不是鲁国人，而是宋国人。宋国本是殷商王族后裔的封国，商的始祖叫契，契的母亲叫简狄。相传有一年春分时候，简狄在郊外祈祷，忽然飞来一只玄鸟即燕子，燕子落地后下了一个蛋，简狄吞吃了这个蛋，结果怀孕生下了契，契长大以后，辅佐舜有功，被封于商。因契是其母吞食燕卵受孕而生，卵也称"子"，故舜赐予他"子"姓。

契的第14代孙汤消灭了夏的最后一位王桀，建立了商朝。商

简狄吞燕卵受孕图

的最后一位王纣被周武王所灭。周武王建立
周朝后，将商的旧都周围的地区分封给了纣
王的庶兄微子启，微子启的后人在此基础上
建立了宋国。微子启有一个叫孔父嘉的后人，
曾做宋国的大司马，他的孙子防叔因避祸逃
到了鲁国，防叔的孙子叔梁纥就是孔子的父
亲。古时，有以祖先的字为氏的习惯，孔子
就是按这种方式以先祖孔父嘉的字"孔父"
为氏，单字为"孔"。先秦以后，姓与氏合
二为一，氏也成了姓，所以"孔"也成了孔
子的姓。确切地说，孔子应姓"子"，"孔"
是氏。

孔子

　　孔子姓孔，为何其父不是孔姓只称叔梁
纥呢？有一年，新加坡副总理王鼎昌来中国，
在访问曲阜时，发现祭祀孔子父亲的庙叫梁台庙，便问："孔子姓孔，
孔子的父亲为何姓梁？"为此，时任国务委员兼中国孔子基金会名誉会
长的谷牧专门写信做了解释，指出中国的姓氏非常复杂，最早与图腾有
关，后又以"地望明贵贱"，姓氏常与地名相连，很不稳定。孔子的先
人在称呼上常常省去姓，而加以地望等。孔子的父亲叔梁纥，其"叔"
是古人兄弟排行的次序，"梁"是地望，"纥"才是他的名。如果加上
姓，孔子的父亲应该叫"孔纥"。叔梁纥只是传统的习惯称谓，这也是
其庙称梁台庙的由来。

　　关于孔子名丘的来历，史料是这样记载的：孔子的父亲叔梁纥早年
娶妻施氏，生有9个女儿，无儿子。后来，他的妾生了一个儿子，叫孟皮，
但是个瘸子。叔梁纥还想要个健康的儿子，于是又娶了一个不满二十岁
的女子为妻。结婚后，夫妻俩一起去曲阜城东南的尼丘山祈祷，求神灵
保佑他们能生个儿子。后来，他们果然生了个儿子。叔梁纥认为这个儿

子是在尼丘山求来的，于是给儿子取名孔丘。也有记载说，孔子生下来时，头颅与众不同，四面高，中间低，所以叫孔丘。

孔子排行老二，春秋时以"伯仲叔季"表排行，故取字"仲尼"。这也是后来有人称其为"孔老二"的来历。

古代对男子有一种尊称叫"子"，像孟轲叫孟子，庄周叫庄子，墨翟叫墨子，荀况叫荀子，孔子也是人们对他的尊称。古时，男子还有一个美称叫"甫"，多用在其字后。孔子字仲尼，其美称便是"尼甫"。

孔子还称"孔夫子"。有人认为"孔夫子"是对孔子的贬称，其实不然。"孔夫子"也是对孔子的尊称。古时称大夫为"夫子"，"夫"为大夫，"子"为敬称。孔子曾担任过鲁国大夫，故称其为"孔夫子"。

鬼谷子名字的故事

鬼谷子这名有些怪，却很有名，他是我国战国时期最富传奇色彩的人物之一。诸子百家中的纵横家、道家、兵家、仙家、命相家都奉他为祖师爷。

鬼谷子

鬼谷子原名王俐，楚国人，也有说是齐国人，自称鬼谷，因精通兵法和道法被后人尊称为鬼谷王禅。鬼谷子长期隐居于鬼谷村，广收门徒，传道授艺，著书立说，撰有《鬼谷子》一书。传说他有弟子五百多人，其中有许多是足智多谋的人才。如著有《孙膑兵法》的孙膑、著名大将庞涓，著名外交家苏秦、张仪等都出自他的门下。这些人物对当时社会的政治、军事都产生过重要影响。

史书对鬼谷子的记载很少，或语焉不详，或零星传闻，这更使这位传奇人物披上一层神秘色彩，于是有关他的传说和故事也多起来。

关于他的名字，大多学者认为是因他长期隐居在鬼谷之地，故以地名为名叫鬼谷。鬼谷位于今河南省汝阳县鬼谷村。现在这里还保留有鬼谷墓、王祖师庙、演兵场、传书处等与其有关的遗迹。

扁鹊和华佗之名源于传说中的神医和药神

我国古代有两位名医，他们医术高超，医德高尚，深受人民爱戴，人们以传说中的神医、药神称呼他们，时间久了，其真名反倒被人们忘却了，他们就是战国时期的扁鹊和三国时期的华佗。

说起扁鹊，人们便能想到"病入膏肓"这个成语，这个成语是因扁鹊为蔡桓公看病而来。扁鹊来见蔡桓公，见他气色不对，就对他说："主公你有病，病在皮肤，要及时医治呀！"桓公使劲弯了弯自己的胳膊和腿说："我没有病。"他送走扁鹊后，还对左右说："做医生的想赚钱，想出名，人家没病也说有病。"过了五天，扁鹊又见了桓公，说："主公的病已入血脉，不治就会严重起来。"桓公有点不大高兴。又过了五天，扁鹊特意来看桓公，说："主公的病已入肠胃，再不治就很危险了。"桓公仍然不信，扁鹊只好退出去了。又过了五天，扁鹊见到桓公时，一句话也没说就退出去了。蔡桓公派人去问他，扁鹊说：病在皮肤热焐一下就能好，病入血脉可用针灸治疗，病入肠胃用药酒还可以治。现

扁鹊

华佗

在病已入了骨髓，没办法治了。果然，没几天，蔡桓公便病倒了，不久就死去了。后来，人们将这件事总结成了一句成语，那就是"病入膏肓"。

扁鹊原名叫秦越人，是渤海郡郑（今河北省任丘市郑州镇）人。因医术高超，富有传奇色彩，又有令人敬佩的高尚医德，于是人们以传说中的上古神医扁鹊称之。久而久之，扁鹊的名字叫开了，秦越人这个本名倒很少有人知道了。

扁鹊曾到过许多国家为人治病，医治好过许多患有疑难病症的病人，名气很大。扁鹊来到秦国，秦国有个太医官叫李醯，他嫉妒扁鹊的医术，害怕扁鹊的声望影响自己的地位，就派人将他刺杀了。

扁鹊死后，他的医学经验和医学理论被后人整理成一部医书，名叫《难经》，该书成为中国医学的珍贵文献。

三国时期的华佗，与曹操是同时代人，也是同乡，都是沛国谯县（今安徽亳县）人。

华佗精通内、外、妇、儿、针灸各科，尤其擅长外科，有"神医"之称。他发明了世界上最早用于手术麻醉的麻沸散。他还创造了健身强体的"五禽戏"，让人模仿虎、鹿、熊、猿、鸟五禽动作和姿态进行肢体活动，达到增强体质、防止疾病的目的。

人们将华佗视为药神，建庙、塑像供奉他。这是一幅华佗画像

人们最熟悉的是《三国演义》中，他为关羽刮骨疗毒的情节。

华佗不是他的本名，据著名历史学家陈寅恪考证，他的本名叫华旉，字元化。"旉"为开舒的意思。华佗一词，出自梵语"阿伽佗"译音，是药神之意。华旉医术高明，又关心百姓，于是民间便将其与印度佛教神话中的药神相比，用神话中的药神"华佗"的名字称呼他。时间久了，此名便叫开了，其本名反而不大为人们所知了。

华佗最后被曹操杀害。曹操有头痛病，又不让华佗开刀根治，而要华佗长期留在他身边，随时为他一个人医治。华佗心中想着百姓，不愿为曹操一人服务，便借口母亲有病回到家乡。曹操得知此事后，大为恼怒，便下令将其杀害了。

屈原名和字的深刻寓意

屈原是我国战国时期著名爱国诗人，楚国人，曾辅佐楚怀王，做过左徒、三闾大夫，他力主改革，抗击强秦入侵，后遭谗言被罢官，顷襄王时被放逐。屈原忧国忧民，始终热爱着自己的祖国，希望它强大起来，但却屡遭打击，政治抱负得不到实现。当楚国首都被秦国攻占时，屈原绝望了，遂投汨罗江而死。

屈原是一位极富才华的诗人，他用独创的骚体写下的《离骚》《九章》《天问》等作品，对后世影响很大。

屈原名平，字原，又名正则，字灵均。关于自己名字的来历，他在《离骚》中曾有自述："帝高阳之苗裔兮，朕皇考曰伯庸。摄提贞于孟陬兮，惟

屈原

庚寅吾以降。皇览揆余初度兮，肇锡余以嘉名。名余曰正则兮，字余曰灵均。"这段文字的意思是，我是古帝高阳氏的后代，我的父亲叫伯庸。我降生在寅明年孟春月的庚寅日，父亲仔细研究了我的生辰，给我起了一个美名叫"正则"，并起了一个字叫"灵均"。

屈原的父亲伯庸很有学识，为儿子取名自然十分讲究，又是看面相，又是算时辰，引经据典，名字的含意当然也是很深刻的。伯庸为儿子取名"平"，又起名"正则"，取字"原"，又用字"灵均"。这一对名和字相结合的含意是"言正平可法则者，莫过于天；养物均调者，莫神于地。"而高平曰原，这里正含有了屈原的一对名和字，其中名"正则"与"平"相结合，则意法天，字"灵均"与"原"相结合，则意法地。法天和法地，这正是父亲希望儿子所能做到的人格要求和处世原则。屈原的一生也正是按照父亲为他所取的名和字的要求和原则去做的，但没有走通，最后投江殉国。

李白的名、字、号都有来历

被人们誉为"诗仙"的唐代大诗人李白，字太白，号青莲居士。其名、字、号都有一番来历。

相传李白7岁时才正式起名，这是因为李白"抓周"时抓了《诗经》这本书，他父亲很高兴，料定孩子长大必是诗才，于是想给他起一个理想的名字。

李白7岁那一年，一次全家在院中游玩，他父亲想作一首七绝诗考考儿子，便以春日为题咏了两句："春风送暖等花开，迎春绽金它先来。"后两句他不说了，让李白和他母亲续上，李白母亲想了一会说："火烧古林红霞落。"她的话音刚落，李白便指着院中白花怒放的李树说："李花怒放一树白。"父亲听后，连声叫好，忽然心中一动，这句诗的头一个字，不正是自家姓吗？这最后一个字"白"不正说出李花圣洁高雅吗？于是当即决定为儿子取名叫李白。

关于李白的字"太白"则是来自他母亲的一个梦。据说，李白母亲生李白时，夜梦长庚星，长庚星即金星，也叫太白星。古人认为，梦太白星是吉祥之兆，故家人给李白起字为"太白"。李白的名字与星有关，有趣的是，他为女儿取的小名与月有关。女儿出生时，正值皓月当空，银光满地，于是他为女儿取了个小名叫"明月奴"。

至于李白"青莲居士"的来历，则与李白爱莲有关。

李白自称祖籍陇西成纪，即今甘肃省秦安县，隋朝时其先人流寓到西域碎叶，其位置在哈萨克斯坦境内的托克马克，李白就出生在那里。李白5岁时，随父迁居到绵州昌隆（今四川江油）清廉乡。明代时，清廉乡改名为青莲乡，这里盛产青莲花，青莲花盛开，清香四溢，沁人心脾。这给李白的童年留下了美好的回忆，也是他起用"青莲居士"的原因之一。

李白喜欢青莲花，他常常以青莲花的清新品格自喻。他写过许多赞美青莲花的诗歌，"清水出芙蓉，天然去雕饰"是他的名句。诗人对青莲花的赞誉，正是其高洁品行、豪放性格的流露。诗人如此喜欢青莲花，起用"青莲居士"为号也就很自然了。

另外，李白自号"青莲居士"，与他信佛也有关。李白信仰佛教，"青莲"是佛教圣物，其色居于青、黄、赤、白四色莲花之首，意境很高，而"居士"则是不出家的虔诚信佛人，因此"青莲居士"是最能体现诗人敬佛的称号。

值得一提的是，据兰州大学图书馆张书成考证，李白是西汉著名的"飞将

李白

军"李广的第 25 代孙。其先人原在中原，后因李广的嫡孙李陵与匈奴作战，兵败投降，其中原的亲属均被诛杀。李陵在匈奴与单于的女儿结婚，一直生活在北方，隋朝时其后人迁居碎叶，到李白父亲时，迁居到四川清廉乡，这里的环境和文化陶冶了李白，也给了他起号"青莲居士"的灵感。

文天祥还有一个名字叫宋瑞

南宋著名抗元英雄文天祥出生在吉州庐陵（今江西吉安）的一个书香门第家庭。在他出生前夕，其祖父文时用做了一个梦，梦见孙儿腾云而上，祖父十分高兴，认为是个吉兆，故孙儿出生后，便给他取了一个"云孙"的小名，并据此取学名"天祥"，字"履善"。期望孙儿受上天保佑，有所发展，能成就一番事业。

文天祥从小就受到严格而良好的教育。父亲文仪是一位博学多识的正直学者，文天祥小时，由父亲亲自教授文化。文仪不仅教儿子读书，还经常向儿子讲述一些爱国志士的事迹，他常讲欧阳修是如何刻苦治学成为著名文学家的，讲建康通判杨邦乂如何在金兵破城之后，咬破手指，写下血书，大骂敌人，不屈而死的。他要儿子以爱国志士为榜样，成为一个对国家有用的人才。文天祥在父亲的教导下，不仅打下了扎实的学业基础，而且树立了坚定的爱国思想。19 岁那年，文天祥进入当时最有名气的白鹭洲书院，师从著名学者欧阳守道。在老师精心教导下，他的学业取得了长足进步，成为书院最有才气的学生。20 岁时，文天祥到京师临安参加殿试，不打草稿，一口气写下了一篇近万字的文章，对天变、民生、人才、士习、国计、民力、盗贼、边防等方面的时弊进行了深刻的分析，并提出切实可行的对策。当时的理宗皇帝看了他的试卷后大为惊讶，深为国家有这样的人才而兴奋，认为国家从此有希望了。于是，借用他的名字赞叹道："此天之祥，乃宋之瑞也。"后来，文天祥便给自己起了个名字叫宋瑞。

南宋爱国名将文天祥

文天祥所处的时代，正是南宋走向衰亡、元军大举进攻的时候，文天祥坚决主张抗敌，保卫国家。1259年，元军大举南侵时，宦官董宋臣主张迁都逃跑，而文天祥却上书主张处斩董宋臣，以稳定民心，坚决抗击敌人入侵。结果疏章被扣，文天祥愤而弃官返乡。后来再出来做官，又因得罪权臣贾似道而被罢官，谪居故里文山。文山是文天祥故里吉安的一座山名，这期间他又为自己取了个号叫"文山"。

1259年，元军围攻临安，临安危急，文天祥变卖家产，募兵勤王，保卫临安。第二年，文天祥在危难之际出任右丞相，亲赴元营谈判。面对强敌，他大义凛然，慷慨激昂，敌人为之震动。临安失陷后，文天祥坚持抗元，1278年兵败被俘。

文天祥被俘后，元朝皇帝忽必烈亲自劝降，许以高官厚禄，并以杀头相威胁，但遭文天祥断然拒绝。这期间，文天祥写下了千古传诵的《正气歌》，留下了"人生自古谁无死，留取丹心照汗青"的千古名句。

元朝统治者在对其劝降不成的情况下，于1283年1月9日将其杀害。后人为纪念这位一身正气、忠贞爱国的抗元英雄，在他被囚的兵马司狱故址和他的家乡都建了祠堂，供人瞻仰凭吊。

铁木真为何称成吉思汗

被毛泽东誉为"一代天骄"的成吉思汗，名铁木真，他这个名字的来历颇有戏剧性。

成吉思汗的父亲叫也速该，有一年也速该同剽悍的塔塔尔部发生了一场激战。塔塔儿部的主帅名铁木真，足智多谋，英勇善战，但在这次战斗中却被也速该打得惨败，本人也做了俘虏。当也速该凯旋回到家里的时候，他的妻子月伦刚刚生下一个男孩，奇怪的是，这孩子的手里握一块像红色石子的凝血。也速该既高兴又惊异，认为这个儿子是这场战争带来的，于是，便将俘虏的敌帅铁木真的名字赋予了自己的儿子，以纪念这次战斗的辉煌胜利。

成吉思汗是铁木真统一蒙古后，于1206年被推为大汗时的称呼，对于这个名字的含意，学术界有五种说法。

一是吉祥说。铁木真即位前，有五色鸟在天空中飞翔，不停地发出"成吉思""成吉思"的叫声，大家视此为吉兆，于是，便用这吉祥的声音"成吉思"做了大汗的称呼。

二是天赐说。铁木真的天下是天神赐予的，"成吉思"的译意即"天赐"两字。"成吉思汗"就是天神赐予权力的大汗的意思。

三是强大说。"成吉思"的"成"是强大、坚强的意思，"成吉思"是这个词的复数。"成吉思汗"就

一代天骄成吉思汗

是强盛伟大的君主的意思。

四是海洋说。许多学者认为，"成吉思"这个词来源于突厥词汇"海洋"，意思是说成吉思汗的权力像海洋一样广阔、至高无上，也可理解为拥有四海的汗。

五是精灵说。萨满教把"光的精灵"叫作哈吉日·成吉思·腾格里。由此可知，"成吉思"可解释成"光的精灵"。

目前，对"成吉思汗"这一名字的解释尚有争论，但多数学者倾向于强大说和海洋说。中学历史教材用的是海洋说，将"成吉思汗"解释为"拥有四海的大汗"。

徐霞客与霞为伴

徐霞客是我国明朝杰出的旅行家、地理学家、游记散文家。1586年出生于江苏省江阴市南旸岐的一个世代书香家庭。他的祖先曾有人做大官，到他父亲徐有勉时，家道已经没落。

徐霞客原名徐弘祖，字振之，家里为他取这个名字，是希望他能重振家业，弘扬祖德。

徐霞客自幼聪明，喜爱读历史、地理、探险一类书籍，并立下了"问奇于名山大川"，遍游祖国大好河山的志愿。

徐霞客的母亲是位性格豁达、目光远大的人，她支持儿子远游探险的行动，并特意为儿子缝制了一顶"远

徐霞客

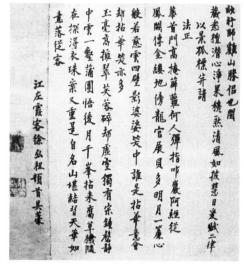

徐霞客署有"霞客"别号的墨迹

游冠"。在母亲的鼓励和支持下，徐霞客从22岁开始外出探险考察，直到56岁去世。三十多年里，他遍游了祖国华东、华北、东南沿海及云贵高原等地的名山大川，并为后人留下了一部记载翔实、文字优美的《徐霞客游记》。该游记不仅记述了名山大川的壮丽景观，还对地质地貌进行了科学考察，是一部极具科学价值的游记，后人称之为"奇书"。

徐霞客出游，主要靠自己徒步跋涉。旅行中，他攀悬崖、爬绝壁、涉洪流、探洞穴，冒狂风暴雨，穿丛林小径，历尽艰难险阻。他曾两次遇盗，三次绝粮，多次落水，险象迭生，和他一起出游的静闻和尚因劳累病逝，跟随他的仆人也溜走了，可他仍坚持不懈，百折不挠。他的一位朋友曾对他说："像你这样，日出前披霞进山，日落后带霞归来，如此云游之客，从游者哪有不累死吓跑的。"他听了之后，觉得朋友的劝告似有道理，但还是感到人若没有点精神是办不成大事的。朋友所说的披霞进山、带霞归来、与霞为伴的云游之客，正是自己应具备的精神，也很符合自己的状况，于是他索性将"霞客"用作了自己的别号。

徐霞客正是凭着这一精神，完成了他的伟大旅行探险，直到病逝。他在生命的最后一刻，还让人将他探险带回来的岩石标本摆在病榻旁进行仔细研究。

顾炎武的名号都有深刻含意

顾炎武是我国明清之际著名思想家、学者，江苏昆山人。他博学多识，对经学、史学、天文、地理、音韵、训诂、金石都有研究，并多有创见，他治学注重考证，主张"经世致用"。他的学识和精神，很受世人推崇，影响颇大。

顾炎武自幼富有正义感，14岁时就参加了"复社"反宦官权贵的斗争。顾炎武原名绛，字宁人。他平生十分敬仰南宋抗元英雄文天祥门生王炎午的忠贞品格。王炎午在文天祥抗元斗争失败被俘，敌人将他押往大都时，自知老师此去必遭杀害，于是一路追随，在其被押送所经过的地方，书写歌颂祭奠他的祭文，为老师举行生祭，十分感人。顾炎武出于对他的敬仰，于是改名"炎武"。

清兵南下时，顾炎武曾参加昆山、嘉定一带的抗清斗争。失败后，他10次步行至南京拜谒孝陵，表示对故国的怀念。每逢端午节，他还在门楣上悬挂红色蔓青与蒜青，并挂一片白布于后，上书"避青"二字，以示抗清之志，故人称其为"避青先生"。

顾炎武还有一号，称"亭林先生"，此号来历有两说。一说，顾炎武是江苏省昆山县亭林镇人，故用家乡之名起号，叫"亭林先生"。另一说是，他早年游学来到吴郡（即

顾炎武

今江苏苏州）时，得知这里是南朝文学音韵训诂家顾野王的祖籍故里，因他早年也曾致力于文学音韵训诂学的研究，遂对顾野王产生了倾慕之情，于是，便借用顾野王故居中的"亭林湖"之名，给自己取了个"亭林"之号。

金圣叹确实令人感叹

金圣叹是我国明末清初著名文学批评家，曾把《离骚》、《庄子》、《史记》、杜诗、《水浒传》、《西厢记》合称为"六才子书"。他还对其中的《水浒传》《西厢记》进行了评点。他所批评的《水浒传》，成书于明崇祯末期，书中把第七十一回以后关于受招安、打方腊等内容删去，增加了卢俊义梦见梁山头领全部被捕杀的情节以结束全书，在批语中，颇有独到之见，对后世影响很大。

金圣叹本姓张，名采，字若采，江苏吴县人。明朝灭亡后，改姓金，名人瑞，字圣叹。"人瑞"意思是人间的祥瑞，典出于《四子讲德论》："今海内乐业，朝廷淑清，天府既章，人瑞又明。"他改名"人瑞"，一是取其人间祥瑞之意，二是取又明之意，表示对明朝的思念。

关于他字"圣叹"的来历，有两种说法。第一种说法是，有人问他"圣叹"的含义是什么？他回答说："《论语》中记载有两处'喟然叹曰'，一是颜渊为叹圣，二是曾点为圣叹，我是与曾点一样的人，故改字为'圣叹'。"意思是说，《论语》中有两处发出赞叹的内容，一是孔子的学生颜渊赞叹他的老师孔子。孔子被称为圣人，这是学生赞叹圣人，故称"叹圣"。一是孔子赞叹他的学生曾点，这是圣人赞叹学生，故称"圣叹"。金圣叹"狂傲有才气"，自比曾点受圣人赞叹，故为自己取字为"圣叹"。

第二种说法，颇有情趣。说有一次，他和一群秀才、监生到文庙祭孔。

祭典刚结束，那些平时斯文儒雅的读书人，竟突然冲向供桌，不顾一切地抢夺桌上的馒头、猪肉。抢肥丢瘦，挑大弃小，丑态百出。因为当时有一种迷信说法，谁抢到祭孔的大肥肉和大馒头，谁就会中举，得肥缺。此时还叫张若宋的金圣叹不信这一套，没有参与到争抢行列，而是袖手旁观。这场面使他大为感慨，于是，即兴写了一篇打油诗：天晚祭祀了，忽然闹吵吵，祭肉争肥瘦，馒头抢大小。颜回低头笑，子路把脚跳，夫子喟然叹："在陈我绝粮，未见此饿殍！"因诗中有孔子叹息之句，于是便借来做了自己的字"圣叹"，人称孔子的偶像为金身，于是他又将自己的张姓改为金姓，这样，他就有了一个"金圣叹"的名字。

金圣叹自幼才智超群，很有名气，但他恃才傲物，又不屑钻营，在科场上始终失意，入清后在"哭庙案"中被冤杀，死时只有53岁。一代才子就这样死去，实在可惜、可叹。

徐文长名字里的故事

明代著名艺术"怪杰"徐渭，多才多艺，诗、书、画、文皆精。徐渭本人也曾自负地说："吾书第一，诗二，文三，画四。"

徐渭，字文清，后改字文长，号天池山人、青藤道士，山阴（今浙江绍兴）人。他自幼聪慧，十二三岁时，便落笔成章，曾仿扬雄《解嘲》作《释毁》，轰动乡里。二十岁中秀才，但他无心入仕，在后来的应试中，皆名落孙山，但也留下许多趣话。他的"文长"之字相传就是因应试而起的。

有一次应试，他见到试题后，稍加思索，便一挥而就，文章短而精辟。做完试题之后，还剩很多时间，多才的徐渭便在试卷的空白处画起画来，他先画了祖先神像，接着画了祭桌、祭品和自己穿着举人的服装祭祖的

徐文长

模样，画中间还写了"不过如此"四个字。主考官看了他的卷子，对他的短文倒是很佩服，但对他在试卷上作画却很反感，认为他太狂，随即在试卷上批了两句话："文章太短脸皮厚，名字排在孙山后。"就这样，徐渭这次应试落第了。

三年后，徐渭再次去应试，碰巧还是三年前嘲弄他的那位主考官。徐渭很恼火，想到上次主考官嘲弄他文短，这次他决定写长文，整个试卷密密麻麻地写满了，还没写完，试卷不够用了，他就写在桌子上、凳子上。交卷时，

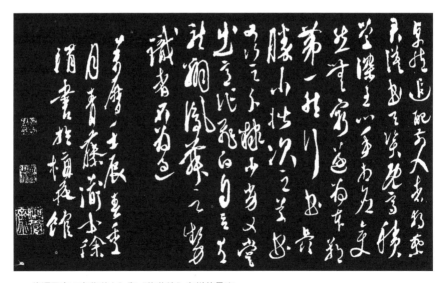

徐渭署有"青藤道士"和"梅花馆"字样的墨迹

他将试卷、桌、凳一起交了上去。主考官大惊，问这是何故？徐渭说："你喜欢长文章，我就写长文章给你看。"后来，徐渭干脆给自己起了个"文长"的字，以示对科举考试的不满。这一轶闻可能有点演绎，但符合徐渭的性格，也与他科举考试屡屡落第的情况相吻合。

徐渭的号"天池山人""青藤道士"也有来历。他曾在自家院中挖了一口小池塘，虽然不大，可徐渭都称它为"天池"，并自号"天池生""天池山人""天池渔隐"。他还在小池中竖了一根小石柱，上刻"砥柱中流"四个字，以黄河急流中的"砥柱山"自比。他还在院中种了一棵青藤，自号"青藤道士"，并将住处称为"青藤书屋"。如今，位于浙江绍兴观巷大乘弄里的徐渭故居中，仍有一方小池，小池中仍立有写着"砥柱中流"的方柱形石碑。小池的西首有一株苍劲的青藤攀缘而上、郁郁葱葱，只可惜它已不是徐渭手植的那棵了。现在的这棵青藤是后人补种的。

徐渭还有一个别号叫"田水月"，这是他将"渭"字拆开得来的。

徐渭一生多坎坷，曾做过直浙总督胡宗宪的幕客，后胡宗宪失势，被捕后死于狱中。徐渭因担心受牵连，精神曾一度失常，错乱中又误杀了妻子，结果被捕入狱，出狱后以作诗绘画维持生计。

徐渭的书法，笔力千钧，纵横驰骋。徐渭的绘画，尤其是泼墨葡萄、牡丹，笔势豪放、墨汁淋漓，具有呼之欲出的动感，深受后人推崇。许多艺术家对他佩服得五体投地。清代"扬州八怪"之一郑板桥，当代绘画艺术大师齐白石，都曾表示甘愿做他的"走狗"。

郑板桥名、字、号的由来

郑板桥是我国清代著名书画家，其字和画颇具个性，很受世人推崇。在绘画上，他是"扬州八怪"的杰出代表，一生最喜欢画竹、石、兰、蕙，

被誉为"扬州八怪"之一的郑板桥

用笔遒劲潇洒,生动挺拔,具有一种坚韧不拔的精神。在书法上,他将真草隶篆融于一体,独创了一种奇特的写法,自称"六分半书",世人称"板桥体"。这种字,遒劲妩媚,奇秀雅逸,十分招人喜爱,像人们熟悉的"难得糊涂"四字,就使人感到妙趣横生、韵味无穷。

郑板桥天资聪颖,又多才多艺,但在科场仕途上,却屡遭坎坷,很不顺利。他是康熙的秀才、雍正的举人、乾隆的进士,历经三朝,44岁才考中进士。为此,他刻了一枚"康熙秀才雍正举人乾隆进士"的印章。

郑板桥为官清正廉洁,不惧权势,敢于为民请命。他在山东潍县当县令时,深受百姓爱戴,在他因主张赈灾获罪被罢官离开潍县时,潍县的百姓点香置酒,一直将他送到十里长亭处。

郑板桥本名郑燮,字克柔。这是他以教书为生的父亲郑之本为他起的。"燮"是和顺的意思,"柔"是柔顺的意思,《书·洪范》中说"燮友柔克",意思是说,和顺时用柔就能治之。父亲为儿子取名"燮",字"克柔",就是期望儿子一生和顺,以柔顺处世。但儿子一生却并不柔顺,他不愿与权贵为伍,又孤标傲世,一生坎坷不顺,罢官后,为生活所迫,不得不以卖画为生,过着清贫的日子。

"板桥"是郑燮的号,是他成年之后自己起的。郑燮为自己取"板桥"之号,是缘于他对故乡的思念。郑板桥的家坐落在江苏省兴化市城东南郑家巷,这里离城墙很近,城墙外有护城河,郑板桥的家处在城墙与护城河的夹角，人称"牛角尖"。护城河上有一座小木桥，人称"古板桥"，建于宋代。这里风景优美，郑燮小时候常到这里玩耍，非常喜欢那座古朴的小木桥。郑燮成年后，长期漂流在外，常常思念家乡，尤其思念给他童年留下美好记忆的"古板桥"，为了寄托对家乡的眷恋之情，他给自己起了"板桥"之号，并自称"板桥道人"，晚年称"板桥老人"。他在《板桥自叙》中写道："兴化有三郑（氏），其一为'铁郑'，其一为'糖郑'，其一为'板桥郑'。居士喜其名，故天下咸称郑板桥云。"他中进士之后，还自刻了一枚"二十年前旧板桥"的印章。

郑板桥成名了，其家乡的"古板桥"也因他的名字闻名于世。清朝道光年间，故乡的人们重修"古板桥"，将木桥改修为砖桥，但桥名一直没有改动。1949年后，护城河填平了，桥也不存在了。但人们为了纪念郑板桥，就将古板桥所在地方称作古板桥，作为这里的地名。郑板

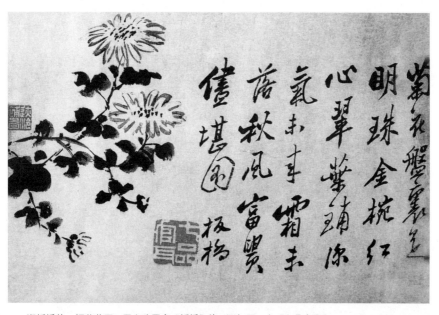

郑板桥的一幅菊花图，画上除署名"板桥"外，还加了一方"七品官印"

桥的故居至今还在，已成了文物保护单位，其位置就在江苏省兴化市古板桥西郑家巷9号。

吴承恩没有承得皇恩

著名神话小说《西游记》的作者吴承恩，1504年出生在山阳（江苏淮安）的一个读书人家。其高祖吴鼎、曾祖吴铭、祖父吴贞、父吴锐都是读书人，曾祖和祖父做过职位低微的小官，父亲是一位小商人。由于"家穷孤，失谱牒"，所以，起名都没有按族谱辈序起。

吴锐爱菊，自号"菊翁"，开一家绒线铺，40岁时才得一独生子。吴锐把希望寄托在孩子身上，希望他将来能读书上进，跻身仕途，光宗耀祖，于是给孩子取名承恩，即承皇恩也，取字汝忠，即忠于皇帝也。

吴承恩自幼聪慧，小小年纪，便能在墙上画画，画什么像什么。一次，一位邻居老翁要他画一只鹅，吴承恩便在墙上画了一只展翅欲飞的鹅。老翁说鹅怎么能飞呢，吴承恩用手指天上，意思是说，他画的是一只天鹅，老翁大为惊异。吴承恩的文章也写得好，少时便闻名淮安，其

保存在淮安吴承恩书斋——射阳簃的古代木刻版本《西游记》

父也为儿子的聪慧感到高兴，认为儿子将来必有出息，定能承恩成才。

但腐朽的科举制度并没有使才能超群的吴承恩承受皇恩。他多次科考都没成功，直到中年才得了一个岁贡生，六十多岁时才当上县丞。后因看不惯官场的腐败，两年后便辞官返乡专心从事《西游记》的创作。

吴承恩虽仕途坎坷，一生抑郁，但是一位长寿的文学家，他一生经历了弘治、正德、嘉靖、隆庆、万历五朝，1582 年病逝，享年 78 岁。

因山阳县地处射阳湖的西岸，汉代属射阳县境，所以吴承恩自号射阳山人，其书斋名射阳簃。

吴承恩只有一个儿子，名吴凤毛，吴承恩为儿子起这么一个名字，是期望他能成为一个出类拔萃的人才，成就一番事业，实现他的光宗耀祖的愿望。可惜的是，吴凤毛却英年早逝，未婚即夭折，这对吴承恩打击很大。晚年的吴承恩，贫老无嗣，生活困苦，以惊人的毅力完成了《西游记》的创作，为后人留下了一部不朽的神话小说，他的名字也因此流芳千古。

吴承恩的故居位于淮安北城河下镇打铜巷。著名书法家舒同为其书写了"吴承恩故居"门匾。著名学者、佛教界领袖赵朴初为其院内的书斋题写了"射阳簃"斋名。堂屋正中立有吴承恩塑像，此塑像乃中国科学院古脊椎动物研究所和古人类研究所根据出土的吴承恩头骨复原而成，这在国内还是绝无仅有的。

曹雪芹名字取自雪底芹菜

中国古典文学名著《红楼梦》的作者曹雪芹，本名曹霑，字梦阮，号雪芹、芹圃、芹溪。

曹霑之名是他的父亲曹頫为他起的。曹雪芹出生于 1724 年 4 月至

曹雪芹

5月之间的一天。那一年大旱，连续三四个月没有下雨，到了四月底五月初时，连降了几场大雨，解决了旱情，世人皆喜，曹雪芹恰在这时降生，故其父从《诗经·小雅·信南山》有关喜雨的名句"雨雪雰雰，益之以霢霂；既优既渥，既霑既足"中选了个"霑"字做儿子的名字。

曹雪芹的名字，则是作者自己起的。他在《红楼梦》第一回中写道："曹雪芹于悼红轩中，披阅十载，增删五次。"直接称自己为曹雪芹。此外，他还为自己取了三个带"芹"字的号。他为何如此喜欢"芹"字呢？

原来曹雪芹不仅是一位伟大的文学家，还是一位出色的美食家，对烹饪技术很有研究。在《红楼梦》一书中，就有大量有关美食的描述。曹雪芹生前特别喜爱芹菜。芹菜是一种美食，自古就受人赞誉。《吕氏春秋·本味》记载："菜之美者，云梦之芹。"曹雪芹喜欢芹菜，也喜欢由碧绿的"芹圃"和小溪流水交相辉映的"芹溪"组成的田园风光。曹雪芹尤喜欢"雪底芹菜"这道菜。宋代名士苏东坡曾有一首描述雪底芹菜的诗篇。诗中写道："泥芹有宿根，一寸嗟独在。雪芹何时动，春鸠行可脍。"苏东坡还在诗后加了一个注："蜀人贵芹芽脍，杂鸠肉为之。"可见此菜是很有名气的，而且雪底芹菜有一种不畏严寒、傲视逆境的精神，这正与作者的身世与精神相吻合，所以，作者以"雪芹"命名，含意是非常深刻的，用了三个带"芹"的号，用意也在其中了。

扬州名厨根据《红楼梦》中描写的菜肴创造了一种名宴——"红楼宴"，其中就有"雪底芹菜"这道菜，这菜的底下是芹菜炒鸡肉丝，上面盖色白如雪的蛋清，这白色的蛋清是"雪"，在"雪"上再插几根嫩芹菜，便是"雪芹"了。这是为纪念曹雪芹而设的一道菜，虽然简单，却很有特色。

曹雪芹的字"梦阮"，也有深刻含意。"阮"是指"竹林七贤"中的阮籍，阮籍为人性格孤傲，愤世嫉俗，不畏权势。曹雪芹很敬仰他的精神品德，故取"梦阮"为字，以期梦中与其相见，学其精神，扬其道德。

吴敬梓名字的含意

《儒林外史》的作者吴敬梓是清朝著名小说家，安徽全椒人，字敏轩、文木，号粒民，因长期住在南京，故自号"秦淮寓客"。

吴敬梓出身名门望族，据说，其高祖吴沛是周太王次子仲雍的后裔，所以吴敬梓也自称是仲雍后人。吴敬梓曾祖一辈出过四个进士，祖父一辈也有多人中举，但到了吴敬梓父亲一辈，家道开始衰落。

吴敬梓早年热衷科举，渴求功名，他的这种思想，从他的名、字、号中深刻地反映了出来。

他的名字"敬梓"，是他的启蒙老师为他起的。"梓"是一种珍贵的落叶乔木，木质轻而细密，是制作琴瑟等乐器的好材料，有"木中之王"之称。吴敬梓，取"敬梓"为名，自

《儒林外史》作者吴敬梓

然是希望自己能成为像"梓"一样的优异之才。

其字"文木"也是一种优质木材。文木的木质密致无理，色如水牛角，古时候人们常拿它比喻优秀人才。《庄子·人间世》中就有"若将比予于文木邪"之句。

吴敬梓的名和字都取自于受人赞誉的优秀树材，而且他还将自己的书房命名为"文木山房"，并出了一本《文木山房集》。这都足以说明他渴望成名成才的强烈愿望。

吴敬梓还有一个字叫"敏轩"。"轩"是指一种车子，后亦指房屋，常用作书斋名。"敏"有敏捷、疾速、聪慧、勤勉之意。"敏轩"即隐喻迅速考取功名获得富贵之意。

遗憾的是，这些名和字并没有给他带来功名利禄，虽然他才学出众，但在科考和仕途上并不成功。自从他在20岁上考中秀才后，就再也没有进展。现实的生活使他认识到了官场的昏暗、科举制度的腐败、文人名士的庸俗和虚伪。他开始由热衷科举到厌恶科举，由渴望功名富贵到放弃。根据自己的切身体验，吴敬梓写下深刻揭露科举制度、抨击封建礼教的杰出讽刺小说《儒林外史》。

吴敬梓没有在他曾向往追求过的科举仕途上取得成功，却为后人写下了一部经典名著，并因此名垂青史，这恐怕是他生前没有想到的。

洪秀全的名字有讲究

洪秀全是中国近代史上杰出的农民起义领袖。1843年，他创立了"拜上帝教"，开始广收信徒，积蓄力量，决心推翻腐朽的清王朝。1851年，洪秀全在广西金田村率众起义，宣布建立太平天国。太平军以摧枯拉朽之势横扫清军，1853年攻克南京，将其改称天京，作为都城。洪秀全领导的太平天国起义，坚持斗争了14年，势力波及18个省，建立了农民政权，制定了革命纲领和一系列制度，是中国农民战争的最高峰。

1864 年，太平天国运动在中外反动势力的联合镇压之下遭到失败。洪秀全也在这一年病逝。

洪秀全，广东省花县（今广州市花都区）人，其祖上本是广东省梅县人，清初迁到花县广禄坶村，其宗谱所记的字辈是"……儒国扬仁，元亨利贞，永昌世德，大振家声"。洪秀全是洪氏的第 16 代传人，属"仁"字辈，名仁坤，乳名火秀。"洪秀全"是他创立"拜上

天王洪秀全画像

帝教"立志推翻清政府时所起的名字。据清同治十三年刊印的《粤寇起事纪实》记载，此名很有讲究，它既是"拜上帝教"的立会之号、联络暗语，又是一个政治谶语。其姓"洪"由"三八二十一"组成，这个"三八二十一"就是"拜上帝教"的联络暗语、立会之号。其名"秀全"两字是由"禾""乃""人""王"组成，"禾"字与"我"字读音相近，四字组合起来则是"我乃人王"。这是一个谶语，预言自己将成为新政权的领袖。这一具有特殊含意的名字，在他组织发动教徒时，发挥了重要作用。

洪秀全是一位杰出的农民起义领袖，但他的权力欲是很强的，这也在一定程度上导致了太平天国起义的最终失败。在建都南京之后，为其长子改名也反映了他的这一思想。其长子本名"天贵"，洪秀全认为此名还不足以表达他期望永保社稷、代代为王的愿望。于是，他在长子名字后面又加了个"福"字。这样，长子的名字便成了"洪天贵福"了，寓意很明显，那就是希望他的继承者洪福齐天。

袁克文名、字的神秘色彩

袁世凯多妻妾也多子女，仅儿子就有 17 个。长子袁克定，二子袁克文。袁克文的生母金氏是朝鲜贵族，袁世凯出使朝鲜时，朝鲜国王将一公主赠予他为妾，这就是袁克文的生母金氏。随同金氏的两名侍女，也被袁世凯收为妾。

袁克文字豹岑，号寒云。他是袁世凯 17 个儿子中最有才华的一个，有过目不忘的本领。他一表人才，多才多艺，能文善诗，工书法，识金石，通晓音律，也喜爱女色，是位风流才子。

袁克文是世界著名物理学家袁家骝的父亲，袁家骝一家都是物理学家。袁家骝的夫人吴健雄被誉为"中国的居里夫人"，他们的儿子袁玮承也是著名的核物理学家。

袁克文名和字的来历颇具神秘色彩。对此，袁克文自己有过解释："维岁庚寅（光绪十六年），克文生于朝鲜汉城。降生之日，先公假寐，

袁克文

梦朝鲜王以金练锁引巨豹来赠。先公受之，系豹堂下，食以果饵，豹忽断练，直窜入内室，先公惊呼而觉，适生文。先生母亦梦一巨兽，状亦豹也。先公遂赐名曰文，命字曰豹焉。"意思是说，在他出生之前，他母亲做梦，梦见一头巨豹，出生的时候，他父亲又梦到了朝鲜国王给他送豹，所以他父亲给他取了个与豹有关的名字。袁世凯的儿子都以"克"字冠名，故其名克文，字豹岑。有时也用其谐音叫"抱存"，又称"抱公"。

关于袁克文的号"寒云"的来历，有两种说法。一说，他因获得宋人王晋卿的《蜀道寒云图》，非常高兴，得物志喜，于是为自己取号为"寒云"。另一说，他特别喜爱昆曲，昆曲《千忠戮·惨睹》一曲，其《倾杯玉芙蓉》词有"寒云惨雾和愁织"之语，他最喜欢唱此句，故取"寒云"两字自号。袁克文娶过许多侍妾，有一个侍妾名叫薛丽清，本是

少年袁家骝

一个名妓，克文为她赎身后，为她改名叫"温雪"，与自己的号"寒云"相对，以示宠爱，后来他又感到此号不好，又复用"抱存"两字。但他在报刊上发表文章时，却有时还用"寒云"署名，以致人不知"寒云"和"抱存"究竟是同一人，还是两个人。为此，他还写过一首诗，风趣地予以说明："抱存今寒云，寒云若抱存，都是小区区，别无第二人。回汤豆腐干，老牌又刷新。"

袁克文信佛，他为自己取过两个法名，一个叫陀旷，一个叫觉旷。

袁克文喜欢收藏，每当他收藏到一件珍品时，都要用珍品之名，为自己的书斋重新命名，此名有时还作为自己的笔名使用。有一年，他得到一枚商代玉龟币，欣喜若狂，于是，将其书斋改名为"龟庵"。写作时，也用"龟庵"为笔名。后来，他又得到一商代青铜鉴，又将"龟庵"改名"一鉴楼"。在得到赵飞燕曾佩戴过的玉环后，袁克文又为自己取了"宝燕"和"燕环"的笔名。

报业名人林白水名字的寓意

林白水是与邵飘萍齐名的20世纪20年代的报业名人。他是我国第

一个出国留学攻读新闻学的人。当时，邵飘萍是北京京报社社长，林白水是北京社会日报社社长。两人都以不畏强暴、敢于揭露黑暗而蜚声报坛。邵飘萍曾公开将冠以"奉民公敌张作霖""鲁民公敌张宗昌""直民公敌李景林"三人的照片刊登在《京报》的特刊上，引起震动。林白水曾在《社会日报》上发表过一篇题为《官僚与运气》的文章，文章将张宗昌的"智囊"潘复称作"肾囊"，讽刺他终日系在张宗昌的胯下，寸步不离，为虎作伥，搜刮地皮，残害百姓，将张宗昌及其走狗的丑恶嘴脸刻画得入木三分。林白水还在慈禧筹备七十大寿时，写过一副令人叫绝的讽刺对联，上联是"今日幸西苑，明日幸颐和，何日再幸圆明园，四百兆骨髓全枯，只剩一人何有幸"；下联是"五十失琉球，六十失台海，七十又失东三省，五万里版图弥蹙，每逢万寿必无疆"。此对联流传甚广，影响深远。

林白水参加过孙中山领导的同盟会，曾不止一次地冒着生命危险营救过黄兴、章炳麟等革命党人。为此，孙中山曾亲笔为他题词"博爱"。

著名报人林白水

邵飘萍和林白水的文章，笔锋犀利，又常寓辛辣讽刺于其中，揭露深刻，影响很大，敌人十分惧怕。正因如此，敌人对他们恨之入骨，必欲除之而后快。

林白水深知自己处境危险，但他早已立下以身殉国之志，将生死置之度外，这从他改名可以看出。他原名林獬，字少泉。从事报业活动后，在与反动军阀的斗争中，他改名为"白水"，他说"白水"为"泉"字身首各半而得。他改此名，是借以表达自已为真理而斗争，即使身首异处也在所不辞。林白水将他办的报纸《新社会日报》改名为《社会日报》，也表达了他的这一决心。1922 年，他因揭露曹锟贿选而遭拘捕，后经友人营救，得以出狱。出狱后，他立即将其办的《新社会日报》去掉"新"字，改名《社会日报》。为此，他还专门写了一篇社论，用大字登在报首。社论中写道："自今伊始，斩去《新社会日报》之'新'字，如斩首然，所以自刑也。"

爱国志士邵飘萍

邵飘萍、林白水最后终于被反动军阀杀害了，而且同被杀害于 1926 年，前后相隔只有 4 个月。林白水被杀害前，其至交杨度和薛大可曾前往张宗昌官邸为其求情，薛大可甚至长跪于张宗昌面前求他刀下留人。两人说了许多好话，张宗昌才同意把"即日执行"改为"缓期执行"。此时，林白水已被押到天桥刑场，他身穿一件夏布长衫，外罩一件黑背心，脚穿白线袜，黑布鞋，站在一个小土墩上。执行枪杀的命令已下，可张宗昌"缓期执行"的命令却没送到，直到林白水被处决后半小时，"缓期执行"的命令才送到刑场，林白水终于被张宗昌所杀害，终年 52 岁。

人们敬仰和怀念这两位爱国志士，有人从他二人名字的最后一个字"萍"和"水"，想到了"萍水相逢"一词。"萍水相逢"本意是指素不相识之人偶然相遇，这里人们借用此词寓意邵飘萍、林白水两位志士的英灵相逢于九泉之下，得以相互慰藉，借此表达人们对他们的哀思和悼念。

新中国成立之后，中央人民政府追认邵飘萍和林白水为革命烈士。

朱自清一生"自清"

朱自清是我国著名散文家、诗人，是一位具有强烈爱国精神和崇高民族气节的学者。

朱自清的文章写得好，尤其是散文，被誉为是现代文学史上的"美文"。他的《荷塘月色》《桨声灯影里的秦淮河》《背影》等散文，曾使无数读者为之动容，从中获得了美的享受，感受到了文学的魅力。许多人就是读着这些优美的散文认识他的。

不仅如此，朱自清的气节更令人敬佩。狷介耿直、爱憎分明、疾恶如仇的他，早在学生时代，就积极参加了五四运动，在北大执教时，又积极支持学生的爱国行动。朱自清憎恨国民党的反动统治，在李公朴、闻一多被暗杀后，他不怕特务跟踪、迫害，出席成都各界召开的李、闻追悼大会。他在新诗《悼一多》中赞扬闻一多"是一团火，照见了魔鬼，烧毁了自己，遗烬里爆出个新中国！"

朱自清原名朱自华，字秋实，取"春华秋实"之意。朱自清之名是他1917年报考北大本科时改用的，典出楚辞《卜居》"宁廉洁正直以自清乎"，意思是廉洁正直使自己保持清白。朱自清选其"自清"两个字作为自己的名字，其意是勉励自己在困境中不丧志，不同流合污，保持清白。他同时还取字"佩弦"。"佩弦"出自《韩非子·观行》："董安于之性缓，故佩弦以自急。"意为弓弦常紧张，性缓者佩弦以自警。

一生"自清"的朱自清，被毛泽东誉为"表现了我们民族的英雄气概"的有骨气的学者

朱自清为人名实相副，一生以"自清"自律，过着清苦的生活，从不为高官厚禄所动，始终保持着崇高的民族气节。他患有严重的胃病，1948年，他的胃病日趋严重，人已骨瘦如柴，体重只有45公斤，贫穷和疾病深深地折磨着他，但就在这时，他仍然在《抗议美国扶日政策并拒绝领取美援面粉宣言》上签名，并发表声明。去世前还谆谆嘱咐家人，不能买美援面粉。毛泽东曾在《别了，司徒雷登》一文中高度赞扬他的骨气，说："朱自清一身重病，宁可饿死，不领美国的'救济粮'……表现了我们民族的英雄气概。"

郑振铎人如其名

郑振铎是一位知识广博、多才多艺的爱国学者。他既是著名作家、文学家，又是翻译家、考古学家、社会活动家。李一氓称他是"中国文化界最值得尊敬的人"。

郑振铎祖籍福建省长乐市，1898年出生于浙江永嘉，即现在的浙江温州。

郑振铎小名木官，学名振铎，字警民。"铎"是古代的一种乐器，属大铃的一种，多在宣布政教法令时使用。"振铎"即摇铃发出号召的意思。《淮南子·时则训》

郑振铎

曰"振铎以令于兆民"，意思是摇铃以宣传号召群众。郑振铎以"警民"之字与"振铎"相呼应，更突出了"振铎"的含义。郑振铎人如其名，他一生都在为中国文化的发展摇铃呐喊，以唤醒民众为己任。

五四运动时期，郑振铎积极参加反帝反封建斗争，倡导新文化运动。

他和瞿秋白等人合编《新社会》旬刊，和茅盾、叶圣陶等人发起成立了进步文学团体——文学研究会。

抗日战争期间，郑振铎积极参加抗日斗争，被选为中国文艺界抗敌协会理事。上海沦陷后，他留下来坚持抗日救亡地下活动。抗战胜利后，他积极参加了民主运动。

中华人民共和国成立之后，他历任中国科学院文学研究所所长、中国考古研究所所长、文化部副部长等职。

郑振铎对文物考古很有研究，上海沦陷后，他曾化名"陈教夫"，不顾个人安危，为国家抢救了大量珍贵古籍文献。20 世纪 50 年代初期，他在周恩来指导下，又从香港和国外抢救回许多珍贵文物，如"三希帖"中的《伯远帖》和《中秋帖》。

郑振铎一生用过许多笔名，有人统计，多达五十多个。其中"振铎""铎""铎民"，是从其名郑振铎演变而来。他最早在《新社会》上发表的一篇文章，使用的笔名即为"振铎"。

1933 年 7 月 1 日，郑振铎在《文学》杂志上发表《〈金瓶梅〉词话》一文时，使用的笔名是"郭源新"，据说此名是从"郑振铎"的潦草写法演变来的，另外还有她的母亲姓郭的原因。与此笔名相关的笔名有"源新""源""新"，还有"谷远""谷""远"等，这是用的郭源新的谐音。

在上海时，郑振铎还使用了"玄览居士"的笔名，此名典出《老子》"涤除玄览"，为深刻地观察世界万物之意。此外，还有"幽芳居士""幽芳阁主""纫秋居士""纫秋馆主"等笔名。

郑振铎还用过英文译音名，如"西谛"（英文"CT"的译音）及"西""C谛""郑西谛"等。

这位博学多才、著作等身、为中国文化发展做出了重要贡献的著名学者，却不幸于 1958 年 10 月 17 日在访问阿联酋和阿富汗等国时，因飞机失事而去世，年仅 60 岁。

钱锺书爱书不爱钱

我国著名学者钱锺书1910年出生于江苏无锡一个书香门第家庭。他出生那天，正好有人送来《常州先哲丛书》的一本书，于是，伯父便给他取名"仰先"，字"哲良"。江浙一带有"抓周"的风俗，就是小孩子到了一周岁的时候，在孩子的周围摆上各种食物、玩具、书等，看孩子最先抓什么，以此来预测孩子将来的志趣。钱锺书"抓周"时，在众多的物品中一把抓了一本书。他的祖父很高兴，便说这孩子独钟于书，就叫"锺书"吧。从此，"锺书"就成了他的学名，而"仰先"则成了小名。

钱锺书小时候活泼好动，喜欢说笑，父亲嫌他话多，希望他能稳重些，少说些话，于是将他的字改为"默存"。

钱锺书果然被其祖父言中，独钟于书。他从识字开始，便喜欢读书，家中的《西游记》《水浒传》等小说很快就被他读完了，于是他又到书摊上租小说来读。钱锺书还喜欢画画，由于敬佩西楚霸王项羽，便给自己取了个别号叫"项昂之"，而且在他画的画上都要署上这个名字，那时他还不到十岁。

上学期间，钱锺书

钱锺书

更是爱书如命，终日博览中西新旧书籍。在国外留学时，为了阅读不易看到的书，他日夜埋首在图书馆的书丛中。钱锺书读书聚精会神，而且读得很快，一本厚厚的非常难啃的古典哲学著作，别人要啃几个礼拜，甚至几个月，而他一二天便读完并消化了。钱锺书什么书都读，而且都读得津津有味，都能从中吸取精神营养。他的夫人杨绛女士曾风趣地叫他"书痴"，说他只要有书可读，别无他求。

正因如此，钱锺书知识面甚为广博，见识极为深刻，写下了大量富有见地的学术著作和脍炙人口的文学作品，备受人们尊崇。文化部原副部长英若诚曾赞誉他说："他的成功就在于名副其实地钟情于书，几乎没有他不看的书。"

钱锺书为人谦虚坦诚，从不摆大学者的架子。年轻人向他请教，他总是热情给予解答，他在赠送给别人的书上签名，常常是"钱锺书敬奉"。有一次，一位名叫吴庚舜的青年写了篇关于《长恨歌》的论文，请他指导。他认真地读了这篇论文，并帮这位青年人进行修改充实，逐字逐句地推敲，花费了大量的心血。论文发表时，这位名叫吴庚舜的年轻人恳请他署名，钱锺书不同意，在吴庚舜的一再恳请下，钱锺书答应署一个笔名：郑辛禹。钱锺书为什么要署这样一个笔名呢？原来，在宋代《百家姓》中，"郑"在"吴"之后；在天干地支中，"辛"在"庚"之后；在古代圣贤中，"禹"在"舜"之后。合起来的"郑辛禹"，寓意在吴庚舜之后。吴庚舜知道内情后，十分感动。

钱锺书爱书如命，但对钱却看得很淡。他的小说《围城》被拍成电视连续剧后，电视台给他送来了一万余元的稿酬，他坚决不要。有一年，电视台拍《当代中华文化名人录》，决定拍摄他，他坚决拒绝了。当告诉他被拍摄的人会得到一笔酬金时，他笑了，幽默而又风趣地说："我都姓了一辈子钱，难道还迷信钱吗？"

钱锺书就是这样一位爱书不爱钱的人！

刘炽、荒煤之名似烈火燃烧

刘炽、荒煤这两个名字，似炽热的火、燃烧的煤，烈焰腾空，给人以热烈火红、奋发向上的感觉。

这是我国两位著名文艺工作者的名字。刘炽是我国老一代音乐家，荒煤是我国著名的作家兼文艺评论家。

他们两个人人如其名，都具有火一般的热情，给人留下了火一般的作品和激情。刘炽谱曲的《英雄赞歌》《祖国颂》《我的祖国》《让我们荡起双桨》，至今广为流传，受人喜爱，久唱不衰。荒煤的作品《灾难中的人群》《长江上》《新的一代》等，更是受人推崇，给人以鼓舞和力量。

说起他俩的名字，还有一番来历。

刘炽原名叫刘德荫，具有很高的音乐艺术天赋。他的母亲是师范毕业生，爱唱歌，对他影响很深。刘炽上小学时，便学会了作曲，能吹奏或打击各种乐器。他11岁时当了兵，后参加了东北军，被编入剧团当了一名演员。这时，他的音乐艺术才能得到了充分发挥，他所演唱的《松花江上》《义勇军进行曲》《大路歌》感染了无数的听众。也就是在这个时期，他的思想得到升华，决定和一批热血青年到延安去，到一个令他憧憬的革命圣地去。在去延安的路上，刘炽激情满怀，一路高歌，热情似火。一位叫刘杰的青年看在眼里，颇为感动，认为他像一团燃烧的火焰，便提议他改名刘炽。刘德荫认为这名起得好，非常喜欢，便真的改名刘炽了。在以后的革命斗争中，他也正是用像他名字一样的热情和精神去工作和创作，为革命做出了重要贡献，并最终成了一位著名的音乐家。

荒煤原名叫陈光美。20世纪30年代，他在上海、武汉参加共产党领导的左翼文化运动，进行文学创作。当他第一部小说《灾难中的人群》在《文学季刊》发表时，为了免遭特务的追捕，他取用了"荒煤"作笔名。"荒煤"与"光美"谐音，其意是荒原上的煤火，具有燎原之势。他很喜欢这个笔名，后来的作品大都用这个笔名发表。这个笔名在文学界和社会上的影响也越来越大。后来，他接受了周恩来的建议，在"荒煤"笔名前加上了自己的姓，以陈荒煤做了自己的名字，成了我国著名的作家。

张大千名、字、号的故事

著名国画大师张大千，原名张正权，又名张爰、季爰、张季，字大千，别号大千居士。

张大千的原名张正权，是根据家族"正心先诚意"的字辈所起。张

张大千

爰的来历颇具神秘色彩，相传光绪戊戌年的一个晚上，张大千的母亲做了一个离奇的梦，只见明月当空，一位鹤发童颜的老翁带着一只小猴从空中飘然来到房中，张母见小猴机灵可爱，十分喜欢，老翁见其喜爱，便说："送你如何？"张母接过小猴，正欲对老翁行答谢之礼，那小猴却因见到从窗外照进来的月光，急忙朝张母腋下钻去，张母从此怀孕，第二年生下了张大千。古汉语中，"猿"本作"猨"，"爰"通"猨"，故其母为他取名张爰。

传说，张大千 5 岁以前怕见月光。

字号"大千"的来历也有一段故事。张大千幼时与表姐谢舜华青梅竹马，两小无猜。两人长大成人后，双方父母为他们举办了订婚仪式。后张大千去了日本，谢舜华在家等待大千学成回国完婚。谢舜华自幼体弱，没想到竟染病而亡。张大千从日本回国后，得知这一消息，悲痛欲绝，遂产生了遁世念头。于是，他便到松江禅定寺拜见了住持和尚逸琳法师，要求出家。逸琳法师喜爱书画，擅长诗词，他见张大千书画功底不错，非常喜欢，便收留了他，并赐法号"大千"。他的二哥张善子得知张大千出家的事后，十分恼火，要去禅定寺找逸琳法师。张大千一看大事不好，便乘车去了宁波。在宁波他找了观宗寺的住持谛闲大师。谛闲大师答应收留他，并决定第二天给他烧戒。张大千是真心想出家，但对烧戒却没有思想准备，他向谛闲大师提出不烧戒的要求，并讲述了不烧戒的理由，谛闲大师认为他六根不净，尘缘未断，便不再收留他，让他回家去了。

张大千还俗后，仍不忘他这段经历，便给自己取号"大千居士"，有时也自称"大千张爰"。

另外，张大千还常在自己的得意画作上加盖"千秋万岁室"之印。这是一枚蕴含着大千之名和爱情故事的印章。据传张大千曾与上海女画家李秋君相恋多年，虽然最后两人没能成婚，但张大千十分珍惜这份感情，因此他从自己"大千"之名中取了"千"，在"秋君"之名中取了"秋"，合成"千秋万岁"以示永记这段爱情。

齐白石的名和号

现代著名书画家、篆刻家齐白石 1863 年出生于湖南省湘潭县白石铺一个贫苦的农民家庭。父母按照家谱字辈为他取名"纯芝"，字"渭

齐白石

齐白石小名"阿芝",他成名后还常常在画上署以"小名阿芝"

清",小名"阿芝"。

纯芝小时很受祖母疼爱,祖母在他脖子上系了一个小铜铃,以求神灵保佑他平安无恙。齐白石非常珍惜这段童年,他在晚年时,身上还佩挂有一铃,并自刻了"佩铃人"一印,以示对祖母的纪念。

齐白石小时没有上过多少学,14岁时就开始学做木匠。但他聪明好学,干活之余总是抓紧时间看书、练字、画画,由于努力刻苦,进步很快,尤其是绘画水平。他将绘画技艺融入木工雕镂之中,使他的雕镂作品生动传神,非一般木匠能比,他也因此有了名气。

27岁时,他被邻村的秀才胡沁园看中。胡沁园看到他才气过人,如能受到栽培,定能成才,于是决定收他为徒,资助培养。胡沁园为他请了一位授课先生陈少蕃,并要给他起个好名号。一天,胡沁园对陈少蕃说:"按照老习惯,在授课时需要给纯芝取个名号,你看取名为'璜',取字为'濒生'如何?"陈少蕃赞叹这名和号取得好。"璜"是古代佩在身上的半月形的玉件,称为半璧,很有富贵气味。"濒生",寓意"湘江之滨生,湘江之滨长",很有意义。

"白石山人"是他的别

署名"白石山人"的齐白石书法作品

号,这个别号的来历有两种说法:一说是齐白石自己起的,说他很喜欢家乡白石铺这个地方,认为这里虽无名山大川,但自然风光朴实无华,十分美丽,于是便以地名为自己取了个"白石山人"的别号。另一说,这一别号也是胡沁园给他起的。齐白石很喜欢这一别号,在他后来的书画中落款就用这一别号了,50岁以后,他开始称自己为"白石山翁",晚年称"白石老人",名字也改为齐白石了。

齐白石还有一个雅号叫"三百石印富翁"。这个雅号缘于他刻苦练篆刻的精神。齐白石在练习篆刻时,曾请教篆刻大家黎铁安如何才能提高篆刻水平。黎铁安说,你到南泉冲去挑一担"楚石"回来,随刻随磨,待到石头都磨成了石浆,那时你的功夫就到家了。齐白石真的按照黎铁安的指点,运回许多石料,刻完磨,磨完刻,直到磨的石浆铺满了一屋子的地面,终于有所了成就。他有感于这段经历,于是给自己起了这么个雅号。

徐悲鸿名字里的悲愤之情

徐悲鸿是我国著名画家、美术教育家,1895年7月19日出生于江苏省宜兴县计亭(屺亭)桥。父亲徐达章是一位自学成才的画师,一生

徐悲鸿

过着清贫的生活。

徐悲鸿原名寿康，有福寿安康的意思，这是父母对儿子的祝福。徐悲鸿从小随父亲学画、读书，很小便显露出绘画才华。13岁时，他随父亲去江南一带的城镇卖画，沿途看到许多村落闹饥荒，民不聊生，十分感慨，从那时开始，他便在所画的画上署名"神州少年""东海王孙"，意在立志成才，将来能改变这一状况。

徐悲鸿小时家境贫寒，常遭冷遇。一次，他到一个亲戚家去吃喜酒，许多有钱人家的子弟都穿着绸衣，而他穿的却是一件布长衫，因而遭到别人冷落，从此之后，他立志不穿绸衣。徐悲鸿酷爱绘画艺术，一心想进洋学堂深造，可是家境贫寒，父亲拿不出钱来，他向别人去借，但人们瞧不起他这个"穷小子"，不借给他。这对他刺激很大，他深感世态炎凉，不禁悲从心中起，觉得自己犹如悲鸣的鸿雁，于是，将自己的名字改为"悲鸿"，以哀鸣自励，奋发努力。后来，他还刻了"江南布衣""江南贫侠"两枚印章，表示自己虽出身贫寒，却疾恶如仇，要做乐于助人的大侠。

徐悲鸿还曾用过一个名字叫"黄扶"。当年他生活困苦之时，有两位黄姓的友人曾扶助过他，一位是商务印书馆的小职员黄警顽，一位是湖州丝商黄震之。徐悲鸿在震旦大学上学时，黄警顽为他付学费，黄震之为他付伙食费。他十分感激这两位友人。所以，他在报名单上使用了"黄扶"这样一个名字。

徐悲鸿还曾跟康有为学过古文、书法，由于才华出众、成绩突出，被康有为誉为"艺苑奇才"。

艰苦的环境，磨炼了徐悲鸿的意志，使他越发刻苦努力，后来他去了法国留学，系统地学习了西方的绘画艺术，并将中西绘画艺术融为一体，自成一家，终于成了驰誉中外的著名画家。

徐悲鸿从自身经历深刻地体会到美术教育的重要，为此，他长期从事美术教育工作，1949年后曾任中央美术学院院长，为国家培养了大批的美术人才。

李苦禅的名字是禅师给他起的

李苦禅原名李英杰，山东高唐人，是我国当代著名国画艺术大师。他的画，气势磅礴，风格独特，深受世人推崇，人民大会堂现悬挂有他的巨幅画作《盛夏图》《松鹰图》。

李苦禅出身贫寒，早年生活十分困苦，在求学的道路上充满艰辛，常常是衣食无着。他拉过人力车，住过寺庙，他的名字苦禅就是寺庙里的禅师为他起的。

那是1918年夏天，19岁的李苦禅中学毕业后，只身离开家乡进京求学。到达京城后，他住不起旅店，经一位老乡介绍，借宿于白塔寺附近的慈音寺。庙里的老和尚率真禅师也是山东人，见来借宿的是来自家乡的一位穷苦学生，便吩咐小和尚将他领进客房。用过晚斋，率真禅师与李苦禅叙谈家乡的情况。李苦禅谈了家乡的苦难生活，当谈到奶奶为了供他上学累倒在织布机前时，李苦禅满脸泪水地对率真禅师说：

著名画家李苦禅

"禅师，弟子遭遇坎坷，请师父从苦海中拉俺一把吧！"率真听罢，对李苦禅说道："哪里有什么苦海？苦与甜须从大处着眼，小处着手，今日贫僧与施主一同用晚斋，虽只半碟苦瓜，一碗薄粥，但你能说这不是甜吗？"率真的这段话，使李苦禅心中豁然开朗，多年积聚在心中的许多困惑顿时解开了。此时，在他的心中，率真禅师可亲可敬，寺庙清静圣洁，于是他情不自禁地"扑通"一声跪倒在地，对禅师说道："师父，收下俺吧！俺愿入禅门，随师父参禅悟道。"率真说："禅门苦啊。"李苦禅答："苦中有甜。"率真说："有意求甜而入禅门者怕要适得其反。"李苦禅答："俺不怕受罪吃苦。"说到这里，率真说："好吧，苦甜两味任你自选吧。"李苦禅听禅师答应收他了，急忙趴在地上磕了三个响头。率真禅师将他扶起，当即作偈语诗一首送他："人间悲欢皆虚幻，七情六欲一念牵。一旦悟通烦恼处，心中净土连西天。咄！咄！无染无垢超三界，白藕脱泥即苦禅。"

李苦禅感激涕零，进而恳请师父赠他名号，禅师笑道："名号我已嵌入诗内，号为'超三'，名由你悟。"

后来，李苦禅的一位曾皈依佛门的同窗好友朴一卢见到此诗，他联想到李苦禅苦难经历，悟出诗中最后两字"苦禅"便是禅师为李苦禅起的名。从此之后，李苦禅便以"超三"为号，以"苦禅"为法名，原来的名字也由李英杰改为李英。

三　取名趣闻

孔子后裔名字中的辈分

孔氏族谱是迄今为止国内保存得最久和最完整的族谱。它从宋元丰年间首次成谱以来，一千多年来，谱系不乱，宗支亲疏关系井然有序。就世界范围而言，不论是从连续时间上，还是族谱内容上，孔氏族谱都能堪称世界之最，埃及法老家族、英国伊丽莎白世系都无法与之相比。

孔子生于公元前551年，身后七世单传，自第八代起，逐渐繁衍，历经二千五百多年，子孙遍布全球。

孔氏族谱，开始只收录直系长子长孙，后开始合族修谱，支庶兼采，历经元、明、清和民国，续修不辍，始终清清楚楚。尤其是有了字辈排列之后，更是世系清楚，辈分明了。孔氏使用辈分排列，始于元代仁宗皇帝时的孔思晦。孔思晦是孔子第54代孙，他提出这一代的孔氏后裔都用"思"字为字辈统一取名，第55代用"克"字为字辈。到了清乾隆九年，孔氏家族开始制定了一个30字的字辈谱：

> 希言公彦承，宏闻贞尚衍，
>
> 兴毓传继广，昭宪庆繁祥，
>
> 令德维垂佑，钦绍念显扬。

这样，孔子后裔从第56代至第85代的取名字辈就确定下来了。根据这一字辈谱，人们便很容易推算出，国民党时期的"四大家族"之一孔祥熙，是孔子的第 75 代后裔，其子孔令侃是孔子第 76 代后裔，曾任全国政协委员、著有《孔府轶事》的孔德懋女士是孔子第 77 代后裔。

1920 年，孔氏的这 30 个字的字辈谱，使用到"第 76 代衍圣公"孔令贻的"令"字辈时，还有 9 个字辈可用，孔令贻又拟了 20 个字以备续用。这 20 个字的字辈谱是：

> 建道敦安定，懋修肇益常，
> 裕文焕景瑞，永锡世绪昌。

这样，孔氏后裔的取名字辈又从第 86 代延长到第 105 代。这就意味着，孔子的后裔到第 105 代都有了取名的字辈，只要按照这字辈取名，不论你生活在什么地方，也不论你是在国内还是国外，人们只要一看你的名字，就能知道你是孔子的多少代后裔。

三国时有两个才智超群的孔明

中国姓名文化历史悠久，内涵丰富。中国人讲究取名，尤其是读书人，不仅有名，还有字和号，然而字或号相同的现象也很多，这给人带来许多麻烦，但有时也有趣事和佳话。三国时出了两个才智超群的孔明，就为后人留下了一段佳话。

三国时期的蜀国丞相诸葛孔明，是中国家喻户晓的历史名人，也是中国人心目中才智和德行完美结合的典范，一千多年来，一直受人尊崇。

与诸葛孔明同一时期，北方魏国也有一位才智超群的孔明，在当时同样受人尊崇。这位孔明，姓胡名昭，字孔明。胡昭，颍川（今河南禹县）人，比诸葛孔明长 19 岁，又比诸葛孔明晚死 16 年，终年 88 岁。

诸葛武侯影像

胡昭与诸葛亮一样，不仅才智过人、博学多识，而且还是著名的书法家，他和当时著名书法家钟繇一起师从大书法家刘德升，都学有所成，且各有特点。当时的袁绍、曹操，以及后来做了魏国皇帝的曹丕都慕其才智，曾多次请他出山辅佐，但胡昭坚辞不就。后来，他为了避免更多人的征召，索性离家隐居陆浑山（今河南省嵩县东北），在那里种田办学，终生不仕。

如果胡昭应征出山，辅佐袁绍或是曹操，那么《三国演义》很可能不是今天人们看到的模样——两个孔明斗智将是书中最精彩的章节。

《三国演义》里的人物为何都是单名

看过《三国演义》的人都会发现一个有趣的现象，即书中人物的名字都是单名。曹操、刘备、孙权、张飞、关羽、赵云、周瑜、鲁肃、黄忠、袁绍、袁术、吕布、黄盖、孟获、马谡等等，无一不是单名。诸葛亮、司马懿、夏侯惇，虽是三个字，但他们都是复姓，也是单名。

如果你再留心一下，不仅《三国演义》中的人物都是单名，连西汉、东汉、三国、两晋皇帝的名字也几乎全是单名。有人简单地统计了一下，西汉自刘邦开始，15个皇帝中，仅有刘弗陵、刘箕子两人是复名，其余 13 个皇帝都是单名，东汉 13 个皇帝全是单名；三国、曹魏 5 个皇帝、蜀汉 2 个皇帝、东吴 4 个皇帝也全是单名。两晋，从晋武帝司马炎到晋恭帝司马德文，15 个皇帝也只有两个复名。这样算来，从西汉至东晋的 626 年间，54 个皇帝中，仅有 4 个是复名，单名占了 94%。

这一时期，为何单名如此盛行呢？专家们认为，形成这一特殊姓名文化现象的原因是多方面的，归纳起来有三点。

一是受文化传承的影响。取用单字名，在周朝和秦朝就已流行。那时，民风淳朴、文化简单、人口又少，人们取用单名，既方便，又无产生"同姓名"的麻烦。如周文王姬发、周武王姬昌、孔丘、荀况、孙武、孙膑、李斯等，都是单名。取用单名已成为当时的一种文化习俗，这种习俗很自然地被传承下来，并对后世产生了一定的影响，成为两汉三国和两晋单名盛行的一个重要因素。

二是受王莽"二名之梦"的影响。王莽当权之后，进行复古改制，在姓名问题上，"令中国不得有二名"，并直接下诏对单名和复名进行褒贬。他的长孙起名叫王会宗，改制时将其改为单名王宗，以示恩宠。后来，王宗因穿天子服，刻铜印，与其舅舅有合谋篡取王莽大统的企图，事情暴露后，王宗被逼自杀，但仍遭惩罚，惩罚的方式是恢复他的复名，削去他的官爵，改变他的封号。王莽这种以改成单名表示恩宠，恢复复名表示惩罚的做法，对社会产生了很大影响，使很多人形成了单名高贵、复名低贱的观念。王莽的这种做法，对单名的盛行产生了重要影响。

三是受避讳制度的影响。所谓避讳，就是君主和尊长的名字和字号等不能直呼，也不能出现在自己的名字之中，而必须用其他方法回避。避讳起于西周，但那时避讳要求尚不严格，要避讳的也仅是死人之名。汉朝之后，避讳制度逐渐严格起来，要避讳的内容也越来越多，触犯了避讳要治罪甚至杀头。这直接影响到了人们取名，取二字复名要比取一字单名遇到的避讳字的概率大一倍，于是人们为避讳尽量取单名，这也是造成当时单名盛行的又一个重要原因。

王羲之家族的"之"字名

王羲之画像

人名中使用"之"字，由来已久，但将"之"字视为高雅和时尚，广泛使用于名字之中，是在两晋南北朝时期。当时的名门望族，起名都喜欢用"之"字，许多著名人物的名字都带"之"字，如科学家祖冲之、书法家王羲之、画家顾恺之、史学家裴松之，军队将领刘牢之、沈庆之等。

将"之"字用于名字中，最有影响的是著名书法家王羲之的家族。这个家族是两晋时著名的琅琊王氏，自王羲之这一辈起几代人都喜欢用"之"字取名，一代传一代，传了五六代，延续了一二百年。

王羲之是琅琊王氏的六世孙，他这一代用"之"取名的，除王羲之外，还有晏之、允之、籍之、颐之、胡之、耆之、羡之、彭之、彪之、翘之、兴之等。

王羲之对"之"更是情有独钟，他将他的7个儿子全部用"之"字命名，取名为玄之、凝之、涣之、肃之、徽之、操之、献之。而他的儿子们，也全部用"之"字为自己的男孩命名，尤其是长子玄之，连续三代都用"之"字为孩子取名，依次为蕴之、抚之、懿之。这样，从王羲之算起，琅琊王氏王羲之这一支，用"之"命名传了五代。

同王羲之同一代的王允之，其后人也都是用"之"字命名，延续了六代，比王羲之还多一代，其名依次是，第二代晞之、仲之，第三代冲之、肇之，第四代范之，第五代横之，第六代谦之、俭之。

另外，同王羲之同一代的王胡之，其后五代也全部是用"之"字命名。

这种几代人都用"之"字命名的方式是很独特的，在中国姓名文化史上也是绝无仅有的。

那么，为什么两晋南北朝时，用"之"字取名盛行，一些文人名士喜欢用"之"字命名呢？究其根源，主要有以下两个方面：一是与道教五斗米教有关。五斗米教是东汉顺帝年间沛国丰人（今江苏省丰县）张道陵创立的，他们奉老子为教祖，以《道德经》为经典，教人奉道悔过。五斗米教初在农民中传播，西晋时开始分化，一部分开始在士族大姓中传播。五斗米教的采药石炼金丹、长生不老、闲散放荡、居游名山大川、追求虚幻的神仙世界等主张，很投动荡社会中寻求精神寄托的门阀世族的口味，于是他们对五斗米教产生了浓厚的兴趣。五斗米教多用"之"字作为道徒名字的暗记，出于对五斗米教的崇信，"之"字也被赋予了神秘的色彩，加上"之"字本身的特有含意，所以格外受门阀世族的喜爱，于是"之"字频频出现在他们的名字之中。

另一个原因是，两晋南北朝时，姓名的避讳逐渐严格起来，皇帝的名字要避讳，称"国讳"；父母、祖父母的名字要避讳，称"家讳"；圣人的名字也要避讳，称"圣讳"。所以，要取个好名字不容易，要克服种种避讳的限制。而当时的"道""之"，不在家讳之列，父子、祖孙均可同用而不讳，于是文人名士们便热衷于用"之"命名了。

正是由于以上原因，才出现了王羲之家族几代人同用"之"字取名的特殊命名现象。

古人曾喜欢用"龟"字为名

现代人很少用龟字为名，但在古时候，人们却很喜欢用龟字为名。

古时候人们把龟和龙、麟、凤誉为"四灵"，将它们视为吉祥之物，并用来比喻品德高尚的人。龟是长寿动物，用龟字作名，还有祝愿人长寿延年之意，成语"龟年鹤寿"表达的就是这个意思。所以，古时候用龟为名的人很多，如汉代五原太守陈龟，唐代著名学者陆龟蒙，唐代贞观年间的楚王李灵龟，唐玄宗时著名艺人李龟年，杜甫还写过一首《江南逢李龟年》的诗。此外，白居易还有个侄儿小名叫阿龟，很聪明，白居易很喜欢他，在《弄龟罗》一诗中曾写道："有侄始六岁，字之为阿龟。"

宋代以龟命名的名人更多，如进士苏总龟、龙图阁学士彭龟年、工部侍郎杨龟山、监察御史黄龟年、武陵知州刘龟年等。

细细想来，龟确实是一种应该受人宠爱的动物。远古时期，人们将龟甲作为货币，用龟甲进行占卜。后来，人们又用龟甲刻字，留下了中国古老的甲骨文。龟是为中国的文明发展做出过重要贡献的动物。在被古人誉为"四灵"的动物中，龙、麟、凤都是虚无缥缈的东西，只有龟是实实在在的动物，它是"四灵"中集长寿与吉祥于一体的唯一客观存在的物种。

但不知什么原因，到了元明时期，龟的名声突然变坏了，形象也变得丑陋起来，龟字成了骂人的话，并与男性生殖器联系起来，还把龟缩视为丈夫默许其妻与人私通，有了侮辱性的含意。于是，人们再也不用龟字作名了，龟字也成了取名的忌讳字。但近些年来，龟的形象正在暗暗地发生变化，用龟字骂人、侮辱人的现象减少了，宠物市场上卖龟的多了起来，名称也由乌龟改称寿龟，买龟的人又把它当作吉祥长寿之物喂养了。

实际上，知道龟字历史的人，还是一直喜欢这个字的，也不避讳用龟字为名。如伟大的马克思主义者李大钊就有一个别名叫李龟年。为此，他还专门写了一个《更名龟年小启》。

可以预测，随着人们对龟字历史的逐渐了解，龟的好名声可望彻底恢复，其吉祥长寿的形象将重新为人们所接受。到那时，用龟字作名可能又将成为时髦。

无人知晓武则天的本名叫什么

武则天是中国历史上唯一的一位女皇帝。她本是唐太宗李世民的妃子，14岁入宫。唐太宗死后，她按遗诏在感应寺出家为尼，唐高宗李治继位后，她被召回宫中，做了李治的妃子，31岁时被立为皇后，开始参与朝政，与高宗并称"二圣"。高宗死后，她初立儿子李显为帝（即唐中宗），不久将其废除，重立儿子李旦为帝（即唐睿宗）。690年，她又废睿宗，自己称帝，并改国号为"周"，自称"神圣皇帝"。

武则天富有谋略和才智，在她统治期间，能够重视农桑，发展生产，广开言路，不拘一格任用人才，使唐朝的经济得以继续发展，为后来"开元盛世"的出现打下了基础。

但对这样一位地位显赫、影响巨大的女皇帝，她本名叫什么却无人知晓，连乳名叫什么也不知道，因为历史上没有记载。人们只知道她是并州文水（今山西文水）人，父亲叫武士彟，原是木材商人，因支持李渊起兵，唐朝建立后做了官。

有人会说，武则天不是她的名字吗？武则天不是名字而是号。她的儿子唐中宗李显复位后，尊她为"则天大圣皇帝"，她死后的谥号是"则天顺圣皇后"，因此后人据

女皇帝武则天的画像

此称她叫武则天。

武则天为自己起过一个名字，那是在她 66 岁当上皇帝后，为了显示自己的地位和权威而起的。名字的用字也是她自己造的，这个字是"曌"，音义同"照"。由"日""月""空"三字组成，其意为"日月当空照"。武则天起这样一个名字是把自己比作太阳和月亮，照耀着大地，朗朗乾坤皆在她的统治之下，有强烈的政治色彩。这在史书《旧唐书·则天武后纪》中有明确记载，也是通常人们所说的武则天的名字。

在有关武则天的电视剧中，剧中人称她叫"武媚""媚娘"，那么这是不是她的名字或乳名呢？这也不是的。"武媚"是她进宫之后，受到唐太宗的宠爱而获赐的号，而"媚娘"则是宫中对她的俗称，与她的名字和乳名没有关系。

如此一位具有特殊影响的历史名人，竟无人知晓她的本名，这恐怕与她出身低微、入宫前又是一位普通的女孩有关。

李白赋诗赠名字

诗仙李白自幼天资聪慧。在他 10 岁那年，一日父亲外出，有位隐居岷山的学者前来拜访，李白恭敬地问道："贤翁尊姓大名，以便转告家父。"老者知李白聪慧，便想考考他，于是笑眯眯地说道："吾号东岩子，平生爱养奇禽异鸟，姓'有人偷'，名鸟落山头不见脚。"李白听后，细想了片刻，便拱手回答道："小人知道了，贤翁姓俞名岛，待家父回来，一定禀报。"老者一听，大为惊叹，连说："童才可喜，童慧可贺。"

李白长大成为诗人后，也喜欢写人名诗和猜人名字谜。唐代翰林学士袁郊在他的《甘泽谣》中，就记述了一则李白题诗赠名的有趣故事。说的是唐天宝年间，有一位叫李谟的善吹笛子的音乐家，是李白的好朋友。有一年，李谟喜得外孙，非常高兴，想请李白为其取个好名，于是抱着刚满月的外孙来到李白家。当时李白刚与朋友喝完酒，醉意朦胧，听李谟说明来意后，并没有给孩子起名，而是随手写了一首诗给李谟，其诗写道："树下被何人，不语真吾好。语若及日中，烟霏谢成宝。"李谟看不懂这首诗，认为是李白喝醉了，自己来的不是时候，便告辞要走。李白却笑嘻嘻地说，名字我为孩子起好了，就在诗中，随即解释说，树下是木子，合起来是"李"字，不语是莫言，合起来是"谟"字，好字分开是女、子，女之子即外孙，语及日中就是谈到中午，即言午，言午合起来是"许"字，烟霏为云，宝指宝鼎，皇帝得宝鼎后要登泰山封禅，"烟霏谢成宝"即"云封"，所以四句诗合起来，就是"李谟外孙许云封"。李谟听完，恍然大悟。李谟对这个名字非常满意，也由此对李白的诗才更加佩服了。这是一个真实的故事，《全唐诗》还收录了李白的这首诗。许云封长大以后，还将李白赋诗为他起名的故事告诉过同代诗人韦应物。

李商隐为儿子取小名"白老"

李商隐儿子的小名叫"白老"，他为什么给儿子取这么个小名呢？说起来，其中还有一段感人至深的故事。

李商隐是晚唐时期著名诗人，其诗富于文采，风格独特，颇有名气，与李白、李贺一起被人们称为"三李"。

白居易非常欣赏李商隐的诗。白居易是中唐时期的著名诗人，生于772年，李商隐是晚唐时期著名诗人，生于813年，比白居易小41岁。白居易成名之时，

晚唐著名诗人李商隐

李商隐还没有出世。但是，当白居易晚年读到李商隐的诗时，却被这位年轻诗人的诗深深打动了，十分敬佩他的诗才，大有相识恨晚之感。

据《蔡宽夫诗话》记载，一次，白居易与李商隐相见，两人谈诗论文，甚是投缘。谈论间，白居易深有感触地说："今生今世我是赶不上你了，我死之后能够转生投胎做你的儿子，也就心满意足了。"事有凑巧，恰恰在白居易去世那年（或次年），李商隐的夫人王氏生下一个男孩。李商隐想到白居易生前说的那段话，便给孩子起了个小名叫"白老"，以示对白居易的怀念。

后来，此事被传为文坛佳话，人们透过这段佳话，可以看到白居易这位著名诗人对人才的喜爱和对文学艺术的不懈追求。

茶神陆羽占卜得姓名

茶神陆羽是唐朝复州竟陵人。关于他的身世，有一个动人的传说。相传，他生下来就被父母弃之水边，后被竟陵龙盖寺住持积公发现。一

天傍晚，积公正在复州竟陵的西湖边散步，看到不远处的西湖边停着一只雁在不停地叫，好像在对人说话，积公感到奇怪，走过去一看，大雁翅膀下竟然睡着一个刚出生不久的婴儿。积公萌发了善心，便将此婴抱回庙里抚养，取名"疾"，这就是后来的茶神陆羽。

陆羽自幼聪明好学，长大以后，更是聪颖清雅，知识广博，且能言善辩，诙谐幽默，很像西汉时的东方朔。

陆羽的名字是他自己占卜取的。陆羽长

陆羽《茶经》书影

大之后，决心为自己取一个有意义的名字。一日，他根据《周易》用蓍
草为自己占卜取名，得"渐"卦，卦的爻辞是"鸿渐于陆，其羽可用为
仪"。其意是鸿雁渐至陆地，其美丽的羽毛可用来制作用于礼仪的装饰
物。陆羽认为这是一个寓意深刻、富有吉祥之意的好卦，于是就用卦中
的陆为姓，羽为名，鸿渐为字。就这样，一个名垂千古的名字诞生了。

陆羽性格豪放，不求仕途，迷恋山林，曾隐居于浙江湖州苕溪之滨、
杼山之旁。陆羽一生嗜好茶叶，并对茶事深有研究。他在隐居处潜心研

陆羽煮茶图

究茶史，埋头撰写《茶经》，并得到著名书法家颜真卿的帮助，博览群书，掌握了大量宝贵的茶史资料，终于写成了《茶经》。《茶经》详细介绍了茶史和茶艺之道，对中国乃至全世界的茶文化的形成和发展都起了重要作用。《茶经》后在颜真卿的推荐下出版，立即引起人们重视，并迅速在国内外传播开来，陆羽也因此名扬海内外，被誉为"茶神"。

陆羽72岁时病逝在湖州杼山。去世前，他曾写了一首《六羡歌》："不羡黄金罍，不羡白玉杯；不羡朝入省，不羡暮登台；千羡万羡西江水，曾向竟陵城下来。"这首《六羡歌》是他一生淡泊名利、专事茶艺的写照。

朱元璋家族的数字名

一提起朱元璋，人们都知道他是明朝的开国皇帝明太祖。但要问朱重八是谁，恐怕就很少有人知道了。实际上，朱重八正是朱元璋的本名，朱元璋则是他起兵之后才起用的名字。

翻看朱元璋的族谱，人们会发现一个很奇怪的现象，即朱元璋的整个家族都是用数字命名的。

朱元璋的五世祖名字叫朱仲八，所生三子，长子叫六二，次子叫十二，三子叫百六。百六是朱元璋的高祖，朱百六有两个儿子，长子名四五，次子名四九。朱四九是朱元璋的曾祖，朱四九有四子，长子叫初一，次子叫初二，三子叫初五，小儿子叫初十。朱初一是朱元璋的祖父，朱初一有二子，长子叫五一，次子叫五四。朱五四即朱元璋的父亲。朱元璋兄弟四人，分别叫重五、重六、重七、重八。朱重八就是朱元璋。朱元璋的伯父朱五一也有四子，名字依次叫重一、重二、重三、重四。朱元璋家族的数字名在《明太祖御制朱民世德碑记》中有详细记载。朱元璋发迹之后，还为自己取了个兴宗的名字，为其父起名世珍，为其二哥起名兴盛，为其三哥起名兴祖，以示身世改变及光宗耀祖之意。

朱元璋画像

历史上用数字取名的现象并不少见，一个家族延续使用数字名字的现象也有，如宋代著名诗人秦观的后人就曾延续几代有人使用数字名。据秦氏家谱记载，观生湛，湛生南翁，南翁生四子，四子都用数字命名，分别叫小五、小十、十一、二十。小十生念八，念八生三十七，三十七生细二，细二生六一，六一生万九，万九生三二，三二生曾四，曾四生迁锡、始祖、端五。朱元璋手下的名将常玉春的曾祖叫四三，祖父叫重五，父亲叫六六，汤和的曾祖叫五一，祖父叫六一，父亲叫七一。但这些家族的数字名与朱元璋家族的数字名相比还是有区别的，它们不像朱元璋家族的数字名那么严格、那么统一。

至于朱元璋家族为何都用数字命名，目前尚未见到可靠资料记载。有人解释说这是因为朱元璋家族出身贫寒，长期处于社会下层，无名可取，只好用数字命名。这种说法，既无史料根据，也很难令人信服。

趣说数字姓名

用数字命名是一种很特殊的命名方式，现已很少见，但在历史上，这种取名方式一度很流行。

据考证，用数字作人名始于春秋时期。当时的吴王给女儿起名"二十"。吴国人为了避讳，就把二十改读为"念"，直到现在，南方许多地方还把二十读作"念"。后来，这种取名方法在吴地流传开了，并逐渐传向外地。宋朝以后，这种取名方式曾一度盛行，史书上也多有记载。南宋文学家洪迈的《夷坚志》提到的数字姓名就有十五六个，有男有女，有农民、渔夫，也有商人、艺人。如刘十二、王十九、沈七六、周三、从四、陈二、黄十一娘、王千一姐等。我们由此可知，宋朝时用数字取名的人还真不少。但据学者考证，此时用这种数字方式取名的多是平民百姓，官员比较少。到了明清时期，官员用这种方法取名的才多起来。尤其是清朝，有很多官员喜欢用数字命名，当然这也与满族的习俗有关。

用数字命名，有的是取数字的吉祥含义或其他特定的意义，有的则是用孩子降生时，祖父的年龄、父亲的年龄或父母相加的年龄。也有是家族中同辈兄弟的排序，如李白又叫李十二，这是因为他在同辈兄弟中排在第十二位。再如，韩愈又叫韩十八，柳宗元又叫柳八，元稹又叫元九，欧阳修又名欧九，都是根据这种排序法得来的。

更为有趣的是，我国民间不仅有数字名，还有数字姓，而且很完整。据《中国姓氏汇编》统计，姓氏中就有一、三、四、五、六、七、八、九、百、千、万、亿等数字单姓，还有第一、第二、第三、第四、第五、第六、第七、第八等数字复姓。如明代云南省嵩明县丞姓一，名善；唐代唐玄宗时一名中尉姓二，名直；元代云南省右丞叫三旦八，春秋越王勾践有个臣子叫四水，三国蜀汉后主有个臣子叫五梁，此外历史上还有叫七希贤、八通、九嘉、百坚的人。如今除万姓为大家熟悉外，其他数字姓就很少见了。

历史上，人名连姓带名都用数字来表示的，以清朝居多，如清朝嘉庆年间，有一名做提督的官就叫九十，姓九名十；清朝乾隆年间，有一名立有战功、官居江宁将军的将领名叫八十六，姓八名十六。还有一名将领叫七十一，姓七名十一。《洛阳杂记》的作者叫六十七，姓六名十七。《官场现形记》中有一段因数字名字引出的故事，说一位新上任的知州听说知府家添了孙少爷，忙打点送礼祝贺，礼金是64枚银圆，写了一个贺禀是"喜敬六十四元"，谁知巧了，知府的官名叫"喜元"，老太爷的官名叫"六十四"。贺禀上短短六个字却把知府父子两代的讳都用上了，其结果就可想而知，银圆和贺禀被扔了出来，人被骂了一通。

如今，用这种数字命名方式取名的已不多，但也时有出现。笔者所熟悉的一位著名数学特级教师就是用数字为其儿子命名的。长子叫六一，次子叫六二。笔者还发现，人们对用数字命名的兴趣正在增长，未来用数字为孩子命名的家长可能会多起来。数字名简洁明快，有些数字，如一、三、九等在中国文化中还有其特殊的深刻含义，数字名字用得好，将更有魅力。

趣谈《红楼梦》的人物命名

曹雪芹不愧是一位文学巨匠，他对人物的刻画，不仅注重音容笑貌、言行举止、心理活动，而且十分注重人物的命名。在不朽巨著《红楼梦》中，曹雪芹对人物的命名可谓独具匠心、精巧无比，或借用谐音，或利用字意，或巧借花鸟，构思出了一个个寓意深刻的名字。

利用谐音，是曹雪芹喜欢用的一种手法。《红楼梦》中许多谐音名字都有深刻的含意，如甄士隐、贾雨村这两个名字的谐音是"真事隐""假语存"，寓意是这个荒淫腐败、互相倾轧的贵族集团，哪有真事、满纸全是假话。甄士隐，姓甄，名费，字士隐。其名"甄费"的谐音是"真废"，意思是真正无用，这也正是当时对甄士隐这个淡泊名利的人的评价。贾雨村，姓贾，名化，字时非，别号雨村。其名"贾化"的谐音是"假话"，"时非"的谐音是"实非"，即实际不是这样，这也正是对贾雨村这个狡诈虚伪性格的真实写照。

贾府的主人贾政，谐音"假正"，即"假正经""伪君子"，他貌似端方正直、谦恭厚道，实际是思想僵化、背时迂腐、沽名钓誉的伪君子。贾府的四位小姐名元春、迎春、探春、惜春，名字的头一个字合起来的谐音是"原应叹息"，她们四人最后的悲剧命运正是这一谐音的反映。再如，前来交租的庄头叫"乌进孝"，谐音"无进孝"，意思是庄园收入锐减，没有足够的东西来尽孝了，暗示着贾府经济走上了衰败的道路。再如甄家丫环"娇杏"，谐音"侥幸"，暗示她"偶因一着错，便为人上人"，先是被贾雨村娶了做妾，后贾雨村的嫡妻染病死亡，她便侥幸成了贾雨村的正妻。小乡宦之子冯渊，其名谐音"逢冤"，结果是"逢冤"被薛蟠手下人活活打死。"霍启"名字的谐音是"祸起"，所以在作品中，他一出场，便接连出祸，先是甄家女儿英莲被人拐跑，接着又遭火灾。还有贾府的一批清客的名字，也都借谐音反映了他们的身份和丑恶嘴脸，如詹光谐音"沾光"，单聘仁谐音"善骗人"，卜固修谐音"不顾羞"，詹会谐音"沾惠"，卜世人谐音"不是人"。这些谐音名字，不仅寓意深刻，而且风趣幽默，读起来让人觉得回味无穷。

巧借字意物名为人物命名，也是曹雪芹常用的手法。黛玉的两个丫鬟，一个叫紫鹃，一个叫雪雁。紫鹃是借用"杜鹃啼血"的典故，暗示黛玉一生幽怨缠绵，悲啼不已，最后泪尽而亡。雪雁则是寒冬离群之雁，象征黛玉自幼父母早逝，寄人篱下，终生孤独凄凉。这两个名字的寓意与黛玉的身世是何等契合！而贾宝玉的小厮则取名为茗烟、墨雨、扫红、锄药、引泉、挑云、伴鹤、扫花。这些名字与他鄙弃功名利禄，追求隐逸情趣的性格是完全一致的。

贾母丫鬟的名字又不同了，取用的是琥珀、珍珠、翡翠、玻璃，都是奇珍异宝的名字，这与她集荣华富贵于一身的特殊身份和地位相吻合。而四个小姐元春、迎春、探春、惜春的丫鬟分别叫抱琴、司棋、侍书、入画。琴棋书画正是官宦小姐情趣所在，也是她们高贵身份的体现。曹雪芹在这里不仅将这四个字分别给了这四位小姐的丫鬟，还分别给她们配上了一个贴切的动词：抱、司、侍、入。

另外，从宝玉、宝钗、黛玉这三个名字相互关系上，我们也可以体会到曹雪芹的命名艺术是何等的高超，这三人中，宝钗、黛玉都与宝玉有密切联系。宝钗和黛玉是封建社会中两种不同类型的少女，宝玉钟情于黛玉，但在封建家庭的安排下，却与宝钗结了婚。三个人的名字的相互关系体现了这种结局。宝钗中的"宝"和黛玉中的"玉"，合起来正是"宝玉"的名字。而宝钗中的"宝"在"宝玉"的名字中居前，所以她得到了"宝玉"，黛玉中的"玉"是在"宝玉"名字的后面，所以她失去了"宝玉"。

林则徐的名字有来历

林则徐是中国近代史上杰出的民族英雄，也是清朝末年卓有见识的官员之一。

林则徐，福建侯官（今属福州市）人。1785 年出生。有关他名字的来历，有段很有趣的故事。

林则徐的父亲林宾日是一位多才而正直的私塾先生。在林则徐出生之前，她已有几个女儿，因此非常希望自己能有一个儿子。

1785 年 8 月 30 日，林宾日终于盼来了一个儿子，那时他已 37 岁。儿子诞生时，恰巧福建巡抚徐嗣曾巡查归来路过自家家门，林宾日平日就很敬佩徐嗣曾，认为他是一位有才干，有作为，而又为官清廉的官。如今儿子诞生有此巧遇，他认为是吉祥之

民族英雄林则徐画像

103

兆，非常高兴，于是给孩子取名"则徐"，取字"元抚"，以示纪念和祝愿。

名字"则徐"的"则"，是效法的意思，"则徐"就是希望孩子长大成人后，像徐嗣曾那样做一个清正廉洁、为民办事、成就一番事业的好官。"元抚"中的"元"字是开始的意思，"抚"是指巡抚徐嗣曾，"元抚"则意为儿子将发端于徐巡抚。这名和字寄托了林宾日对儿子的无限期望。

正因为如此，林宾日格外重视对儿子的培养和教育。小时候，林宾日教儿子识字读书写文章。待儿子稍大以后，父子之间又相互勉励，共同钻研苦读。

林则徐没有辜负父亲的教育和期望，长大后走上了为国效力的仕途之路。他一生忧国忧民，办事认真，清正廉洁，尤其是在禁烟运动中，不畏强敌，保持民族气节，受到世人的敬仰，成为中国近代史上流芳千古的爱国官员和"睁眼看世界的第一人"。

章太炎为女儿取名用字古怪

章太炎原名章炳麟，浙江余杭（今杭州市余杭区）人，因仰慕明末爱国主义思想家顾炎武（原名绛）、黄宗羲（字太仲）的学识和为人，故取别号太炎。

章太炎博学多识，才华出众，其学说内涵广泛，涉及语言文字、经学、哲学、佛学、史学、文学、医学等各个方面，后人称其为"章学"。

章太炎满腹经纶，才识过人，但在行为和生活上多有"怪癖"。他长年不更洗衣服，两袖积满污垢。讲课或演讲时，鼻涕流下来，就用袖角抹擦，致使两袖油光发亮。章太炎烟瘾特大，即便正在讲学之时，也烟不离口，一手拿粉笔，一手拿香烟。有时板书，竟将香烟当作粉笔，吸烟时，又将粉笔当作香烟，引得大家哄堂大笑。

在生活上，章太炎还有不少笑话，有许多次，他外出回家找不到住处，以致有人提出为他不迷路打赌。

章太炎某些"怪癖"，也使人感受到了他过人的学识，如他在妻子去世后一直没有再娶，后来在朋友的劝说下，同意再娶一位妻子，但坚持要登报提出征婚条件，他自拟了三条，在当时曾引起不小的轰动。举行婚礼时，蔡元培为其主婚，

国学大师章太炎肖像照

婚词他却自己写，其词句华丽深邃，讲对偶，多掌故，充分显示了他的学识和文风，在场的人无不称赞叫绝。

章太炎还有用古僻字的习惯，他在《台湾日日新报》任编辑时，就常有读者向报社反映他的文章怪字偏典太多，读起来很吃力。主编委婉地向他提出意见，他却说："世人之知不知，解不解，我不能管得。吾只患吾文之不善，苟文善，自会有人知之，请勿问！"但令他意想不到的是，他的这一怪癖给他带来了不少烦恼。他为三个女儿起的名字，用的都是古僻字。大女儿名"㠭"，二女儿名"叕"，三女儿名"㖊"。据传，因其女儿名字用字古怪，无人能识，无法读准，所以虽然女儿貌美多才，也无人上门说媒求婚，以致章太炎不得不设宴邀请亲朋好友向大家说明女儿名字的由来和读音。原来，大女儿的"㠭"字，读"zhǎn"，是"展"的古写，二女儿的"叕"字读"lǐ"，是"窗格子"的意思；三女儿的"㖊"字，读"qí"，是"众人说话"的意思。

趣说张学良的小名"小六子"

张学良字汉卿，他的名和字都有寓意。学良的名是清朝遗老冯麟阁给起的，意思是要他学张良。张良是刘邦的谋士，足智多谋，为刘邦夺取天下做出了重要贡献。张学良的父亲张作霖很佩服这位西汉的谋士，所以对冯麟阁为自己大儿子起的这个名字非常满意。有一次，有"学者军阀"之称的吴佩孚拜访张作霖，称赞张学良这个名字起得好，说："名字不错，能学张良，志向不小，也有学问。"接着他问张作霖："爱子有无别号？"张作霖说："没有。仁兄能否给起一个？"吴佩孚略加思索，说道："张良乃汉朝的谋士、大臣。臣者，卿也。依我看，别号就叫汉卿吧！"张作霖听后，连说："好！好！"西安事变时还有人用汉卿编过一个谜语，谜面就是"西安事变"，要求打一古代名人，谜底是"关汉卿"。意思是西安事变后汉卿被蒋介石关起来了。

张学良还有两个小名，一个叫"双喜"，一个叫"小六子"。这两个小名的来历也有意思。"双喜"是因为他出生时，正赶上他父亲打了一个胜仗，家中又添了一个男孩，这是"双喜临门"，于是就给他起了个"双喜"的小名。至于"小六子"的来历，就更有趣了。张学良小时候身体很弱，总是有病，家里怕养不活他，于是就想到了将他许愿到庙里当和尚。这是当地一种消灾避难的迷信做法，叫"跳墙和尚"。许愿当和尚的人进庙之后，不是自己留在庙里，而是把一个代表自己的纸人留在庙里，而自己则踩上凳子跳墙跑了。这样，跳墙走的真人就算获得了新生，成了一个健康的人了。既然获得了新生，原来的名字也不能再用了，必须重新起一个新名。这个新名的起法是有规定的，那就是许愿的那个人跳墙出来时，听到庙外的第一个喊声是什么，其名字就叫什么。当时张学良跳墙出来听到的第一个喊声，是有人在喊"小六子"。这样张学良的小名就叫"小六子"了。在谈到这段经历时，张学良曾风趣地说，如果当时他听到的第一个喊声是"王八蛋"，那他就得叫"王八蛋"了。

胡适的名字有讲究

胡适是我国著名学者，他博学多识，在国内外享有很高的声誉，一生获得过35个荣誉博士学位。

胡适，安徽绩溪人，1891年生于上海，原名嗣穈，上学时改名洪骍。人们常把"穈"字写成"穈"，这是错误的。胡适嗣穈之名是其父亲胡传给他起的，胡传原名胡祥蛟，字守珊，又字铁花，号钝夫。胡传自幼熟读经史，中过秀才，给孩子取名，自然都有典出。他为长子取名嗣稼，典出《诗经·豳风·七月》篇中的"十月纳禾稼"。为次子取名嗣秬，三子取名嗣秠，四子即胡适取名嗣穈，都典出《诗经·大雅·民生》篇中的"维秬维秠，维穈为芑"。四兄弟的名字皆从禾，都是禾物庄稼的名字。"稼"即谷物，"秬"是黑色的黍；"秠"是一皮二粒的黑黍，"穈"是一种赤苗嘉谷。"穈"读音为"门（mén）"，今读为"眉（méi）"。

胡传除《诗经》禾物为孩子取名外，还根据《上明经胡氏家谱》中的字辈，以"马"为四个儿子取了名。胡氏家谱规定的字辈是：

天德锡祯祥，洪恩毓良善，
明经承肇祖，世泽振同光。

胡适1914年留学美国的照片

头戴大礼帽、被称为"学者大使"的胡适

秉国思名彦，为邦有宪章，
家庭敦孝友，继起衍宗长。

胡适属洪字辈，兄弟四人的字辈名依次是洪骏、洪骓、洪駓、洪骍。骏、骓、駓、骍都是马。"骏"是好马，"骓"是毛色呈苍白杂色的马，"駓"是毛色黄白相杂的马，"骍"是红色的马。由此看来，胡适的父亲为孩子取名确实是很有讲究的。

至于胡适之名，则是他在上海上学时，因受英国赫胥黎《天演论》进化论的影响而起的。当时，《天演论》在学生中影响很大，用其名句起名的很多，如"竞存""天择"等等。胡适则在他二哥的建议下，根据"物竞天择，适者生存"这句话，为自己取名"胡适"，字"适之"。后来，胡适在《我的信仰》一文中介绍了他取名的经过：就是我的名字，中国以进化论为时尚，也是一个证据。我请二哥替我起个名字的那天早上，我还记得很清楚。他只想了一刻就说：适者生存的"适"字怎么样？我表同意，先用来做笔名，最后于1910年就用作我的名字。胡适还说，胡适之名乃是最新思潮的"纪念品"。

陈方安生名字的来历

陈方安生是香港特区第一位政务司长官，也是香港政坛上一位颇有影响和作为的女性。

陈方安生本名方安生，1940年1月17日出生在上海。她的母亲方

女子出嫁后，要在自己的名字前加上丈夫的姓，这是香港的习俗。宋美龄也喜欢这种做法。这是她送给陈布雷夫人的一幅她与外国友人的合影。上面署的就是加了蒋介石姓的"蒋宋美龄"

召麟是位画家，是无锡名门望族的大家闺秀。父亲方心浩是著名抗日将领方振武的儿子。1937年，方召麟去英国留学，在那里结识了方心浩，并相恋结婚。1939年冬，两人双双回到上海，此时方召麟已怀孕在身。1940年1月17日，方召麟生产在即，为防止日军骚扰，决定转移到英租界一处比较安全的地方去生产，没想到在转移的过程中，两个双胞胎女婴便在车上降生了。

方心浩原打算，如果生一个女孩就给她取名叫方沪生，没想到生了个双胞胎，方心浩对妻子说，总不能两个都用沪字吧？方召麟听后对丈夫说："现在我也顾不得那么多了，只求孩子能在出生后，日子能安安宁宁才好啊。"方心浩听了妻子的话，突然眼睛一亮，高兴地说："召麟，有了！刚才你说的安安宁宁不就是一对小姐妹的名字吗？依我看，索性先降生的姐姐叫安生，后降生的妹妹叫宁生。"方召麟觉得丈夫这个主意很好，于是姐姐就叫方安生，妹妹就叫方宁生了。这就是香港女强人方安生名字的来历。

至于为何又称陈方安生？这与香港的习俗有关。方安生的丈夫叫陈棣荣，根据香港的习俗，女孩出嫁后，对外称呼要在自己的名字前加上丈夫的姓。这样，方安生在香港就叫陈方安生了。

香港另一位著名女性、香港立法会前主席范徐丽泰的名字，也是根据这一习俗来的。她原名叫徐丽泰，丈夫叫范尚德，所以她出嫁之后便有了范徐丽泰的名字。

其实，女子在自己的名字前加夫姓的习俗并非始于香港。早在民国时期，祖国内地就流行这种称呼方法了，而且多是知名女性。如著名学者赵元任的妻子本名叫杨步伟，她在教育、医学和营养学方面都很有成就，在当时是位很有影响的女性。杨步伟嫁给赵元任后，便改叫"赵杨步伟"了。再如，著名社会活动家、进步妇女运动领导人王立明，早年曾留学美国，嫁给爱国教育家刘湛恩后，夫妻两人一起参加抗日救亡运动。后来，刘湛恩被日伪特务暗杀。从那之后王立明便改名叫"刘王立明"。王立明在自己的名字前加了丈夫的姓，是为了表示对丈夫的怀念。有意思的是，宋美龄也喜欢在自己的名字前加上丈夫蒋介石的姓，她曾送给陈布雷夫人一张她与外国友人的合影，署名就是"蒋宋美龄"。

陈佩斯名字的来历

陈佩斯是人们熟悉的喜剧演员，他在春节联欢晚会上表演的《烤羊肉串》《吃面条》《警察与小偷》等节目，人们仍记忆犹新。他的名字得来很有趣：在他出生前三年，他的父亲就把他的名字定下来了。

陈佩斯的父亲是我国著名的电影表演艺术家陈强，以演反面人物著称，尤其是在电影《白毛女》中饰演的黄世仁，获得了很大成功。他将这个凶狠逼债、强抢民女的反面人物的形象表现得淋漓尽致、入木三分，以致有一次演出时，一位战士在台下气愤得要拿出枪来毙了他。

1951 年，陈强随中国艺术团访问苏联、奥地利及东欧各国。在访问匈牙利时，该代表团放映的《白毛女》电影引起了轰动，匈牙利人给予这部电影以极高的评价，对陈强的表演艺术大加赞赏。正巧在这一年，他的大儿子出生了。陈强为了纪念这一盛事，巧妙地借用匈牙利首都"布达佩斯"的前两个字"布达"为大儿子命名，而且还决定将布达佩斯的后两个字"佩斯"留给将来出生的第二个儿子。三年后的 1954 年，他的第二个儿子出生了。当时他还在外地忙于拍片，但他没有忘记自己当年的决定，于是毫不犹豫地给这个儿子取了个陈佩斯的名字。或许是因为有这一段有趣的起名经历，陈强的艺术天分在陈佩斯身上得到传承。

名作家是怎样为孩子取名的

人们为孩子起名，自然都有自己的想法和用意，作家也不例外。但作家为孩子起名，绝非像一般人想象的那样，都是引经据典、用字考究、含义深刻，一定要与众不同、标新立异。许多作家为孩子起名，都很平常，并无特殊深奥之处，有的甚至比普通人家孩子的名字还简单明了。

鲁迅为儿子取名海婴，含义就很简明。1929 年 9 月，许广平为鲁迅生了个儿子，鲁迅非常高兴，几天之后，鲁迅问许广平，有没有想起给孩子取个名字。许广平说没有，鲁迅说："我倒想起两个字，你看怎样？因为是在上海生的，这个婴儿就叫他海婴吧。这个名字读起来颇悦耳，字也通俗，但绝不会雷同……"许广平认为很好，孩子的名字就这样定下来了。

田汉的儿子叫"海男"，这是因为母亲怀他在日本东京湾，生他于上海，与海有缘，故田汉为他取了个"海男"之名。

作家老舍为孩子取名更简单。老舍有三女一子，大女儿在济南出生，

鲁迅的儿子生在上海，故起名"海婴"。这是鲁迅夫妇在小海婴百日时的合影

老舍便给她取名舒济。因"济字"的繁体字不好写，孩子上学时，写起来很费劲，于是二女儿出生后，老舍决定用笔画少点的字。二女儿出生时，正遇大雨，于是便起名舒雨。女儿上学后，对自己好写好记的名字很满意。

当儿子出生时，老舍用了一个笔画只有一笔的乙字，为儿子取名舒乙。他为小女儿取名舒立，立字只有五笔。由此看来，老舍为孩子取名的原则就是让孩子好写，人们好记，就是这么简单。

巴金和沈从文为孩子起名，看起来是有点讲究了，但一点明，也是非常简单。

巴金有一儿一女，女儿名李小林，儿子名李小棠。巴金原名李尧棠，他二哥名李尧林。1923年，19岁的巴金随二哥来到上海，二哥对他非常关心爱护，巴金对他感情很深，但二哥不幸英年早逝，巴金很悲伤，为了纪念他，遂为女儿取名李小林，取"尧林"中的"林"字。儿子小棠，则是取自己"尧棠"中的"棠"字。

郁达夫和王映霞

沈从文有两个儿子，长子名龙朱，次子名虎雏。这两个名字看似难解，实际只要你看过沈从文的作品就会知道，这是他两篇作品《龙朱》《虎雏再遇记》的名字。龙朱是作品中的苗族青年的名字，虎雏是沈从文弟弟沈岳荃的小卫兵的名

字。在作品中，这是两个很出色的青年，沈从文非常喜欢这两个人物，于是就将这两个名字用到了自己儿子的身上。

现代作家郁达夫在给孩子取名时，还有一段趣闻。郁达夫仰慕岳飞，给长子取名郁飞，给次子取名郁云，借名于岳飞之子岳云。在他们第三个孩子出生前，夫妻俩之间展开了有趣的讨论。郁达夫提议，生下来若是女孩，就叫银瓶，这是岳飞女儿的名字。郁达夫说，这样就凑成岳飞全家了，而夫人王映霞则主张，若生个男孩就取名为亮，理由是，《三国志》里有飞（张飞）、云（赵云）两将，猛将有了，还应有谋臣，王映霞最敬佩才智超群的诸葛亮，说若真是男孩，那郁家便是三国名人之家了。郁达夫听后大为赞赏。不久，王映霞果然生了个儿子，真的取名为亮。后来，此事被传为佳话。

有趣的拆字命名法

中国人命名多有讲究，方法很多，有一种拆字命名法很有特色。所谓拆字命名法，就是以姓的形体为基础，进行分解、增减而组合成人名。以这种方法命名的名字多新颖独特，寓意深刻，使人过目不忘。

有一位资深的杂志社编辑，1986 年生了一个儿子。这一年恰好是国际和平年，这个编辑便想给儿子取一个与和平有关联的名字，以示纪念，但偏巧妻子姓武。经过苦思冥想，编辑终于想出一个好名，他用拆字命名的方法，为儿子取名"止戈"。"止戈"是禁止动武的意思，合起来又是妻子的武姓，倒过来念，谐音是"鸽子"，也是和平的象征。此名取得可谓巧妙之极。

为父报仇、刺死大军阀孙传芳的女杰施剑翘，为两个儿子起名也是用的拆字法。她将自己的名字剑翘两字分别拆开给了两个儿子，一子名"金刃"，一子名"羽尧"。"金刃"合则为剑（剑也作釖），"羽尧"

剧作家曹禺

合则为翘。

女作家叶兆言的名字，则是由父母两人的名字拆分组合而成。叶兆言的父亲名叶圣诚，母亲姓姚。从母亲的姚字中拆出一个"兆"字，从父亲的诚字中拆出一个"言"字，组合成"兆言"之名，其寓意也是很深刻的。

中国当代著名小说家、剧作家老舍，原名舒庆春，上师范时，自己起了个别名叫舒舍予。这个名字是把他的姓"舒"拆开，一分为二而成。这两个字的寓意是"舍我"，即放弃私心和个人利益的意思。老舍的一生正是用这种精神激励自己，为人们创作了一大批优秀文学作品，为中国的文化事业做出了重大贡献。

中国现代杰出的剧作家曹禺的笔名也是由拆字法得来的。曹禺原名万家宝。1933年，当他的代表作《雷雨》准备发表时，他想起用一个笔名。于是，将他的姓"万"（万的繁体字是"萬"）拆开，成了"艹"和"禺"，即"草禺"，但草字不像一个姓，他便选用了草的谐音"曹"为姓，成了"曹禺"。后来，他一直用这个笔名发表作品，并逐渐为大家所熟知。

著名学者聂绀弩也用拆字命名法为自己取过笔名。其姓"聂"由三个"耳"字组成，于是他取了个笔名叫"耳耶"，"耶"由两个"耳"字组成，合起来也是三个耳。他还由耳耶谐音取了个笔名叫"二鸦"，其香港出版的一本杂文集，书名就叫《二鸦杂文》。

文坛怪才聂绀弩漫画肖像

明朝艺术怪杰徐渭，也曾用拆字法为

自己取了个号叫"田水月"。这是将"渭"字一拆为三而来的。

用拆字法命名的方式很多，也非常灵活。它可以拆姓为名，如上面所提到的舒舍予、曹禺；可以拆姓之一部分为名，如张弓、张长、李子、杨木等；可以在姓的形体上增加笔画为名，如栗粟、李季、吴昊、万方等；可以在姓的形体上增加偏旁为名，如谷峪、王汪、林彬、魏巍等；也可以减姓的笔画和偏旁为名，如盛成、伊尹、何可、翁羽等；还可以将姓和名的第一个字组合成名的第二个字，如田雨雷、田力男、白水泉、王京琼等。

拆字命名法所表现出来的形式多样及变幻无穷，正是中国汉字所具有的丰富文化内涵和特殊的构字方法所带来的奥妙，也是中国汉字的特殊魅力。

趣谈藏族同胞起名

我国藏族同胞取名的方式是很特殊的。他们一般是有名无姓。有条件的人家都要请活佛或喇嘛为孩子起名。活佛和喇嘛为孩子起名，宗教色彩比较明显，多用贡布（救世主）、强巴（弥勒佛）、多吉（金刚）、丹增（掌教者）、卓玛（红度母）、央金（妙音或自由天女）、扎西（吉祥）等为名。没有条件请活佛或喇嘛起名的，便由家中的老者或地方上有名望的年长者给孩子取名。他们起名相对随便一些，多用自然界的物体，或表达一种愿望等，如达瓦（月亮）、尼玛（太阳）、梅朵（花）、穷达（小宝贝或小马）、拉森（黑发）、桑戈（纯洁）、日戈（看见就喜欢）、仁增（掌上宝贝）、仓姆决（停止或结束）、布赤（引弟或招弟）；也有以孩子出生日期命名的，如朗刚（三十日）、次吉（一日）、次松（初三）、达娃（星期一）、普布（星期四）等。藏族同胞中也有因孩子体弱多病或其他原因，希望孩子能长得结实、健康成长而给孩子取贱名或绰号的，如琪珠（小狗）、琪加（狗屎）、帕珠（小猪）、过巴（哑巴）、惹地（破烂、垃圾）、固钦（大头）等。

藏族人名按汉字译音一般都是四个字，就是把两个单名联在一起，如次仁扎西（长寿吉祥）、格桑卓玛（幸福花仙女）等。称呼时，一般只用名字中的第一和第三个字，如次扎、格卓，也有称三个字的，如华洛桑（英雄洛桑）、卓玛措（智慧海洋上的仙女）等。

近些年来，藏族同胞的取名方法也有了些变化。他们结合自己翻身解放、生活改善的现实，开始取一些富有新意的名字，如金珠（解放）、达玛（红旗）等。也有人将汉族的姓引用到自己的名字中，取一个藏汉混合的名字，如江央宗、张旺堆、李次加、杨卓玛等。

藏族同胞由于取名范围比较窄，所以重名的现象很严重。有时在一个单位或一个村，可以听到三四个甚至十几个相同的名字。为了区别，藏族同胞采用了在名字前加地名、加职业等办法，如同叫"旺堆"的，可以用"康马旺堆""亚东旺堆"区别，"康马"和"亚东"是他们居住的村名。再如，同叫强巴的，可以以"玛钦强巴（炊事员强巴）"和"兴索强巴（木匠强巴）"加以区别。总之，藏族同胞虽然同名的很多，但他们总有办法加以区别，一般不会混淆。

偶然间得来的好名字

中国人讲究起名，孩子一生下来，有时甚至还没生，一家人就忙着给孩子起名了。他们翻字典，寻典故，查名人，找借鉴，常常是一家人反复讨论研究，总想给孩子起一个含意深刻响亮上口又别具一格的名字。

有趣的是，有些好名字，往往并非经过反复推敲、寻经问典得来，而是来自瞬间灵感，来自一些偶然情况。有这样几个有趣的例子。

常州有一张姓青年喜得贵子，高兴异常，一心要给儿子取个好名，但几经琢磨，始终没有定下来。一日，夫妇俩抱孩子去医院打预防针，打针要填卡，护士问孩子叫什么名字，夫妇俩你望我，我望你，一时回答不上来，护士等得有点急，就说，"没有名字就打下一个"。张某看看妻子怀里的孩子，只见小家伙正瞪着大眼睛东张西望，看着孩子那精神劲儿，张某突然来了灵感，脱口而出："孩子叫张望！"护士看了张某一眼，似乎觉得这名字很有趣，随即在孩子屁股上扎了一针。预防针打完了，孩子的名字也得到了，而且是一个令人叫好的名字。

天津有一对年轻夫妇，丈夫姓常，非常喜欢女孩，希望妻子能为他生个女孩。结果，事遂人愿，妻子十月怀胎，真的生了个漂亮的女儿，这使他激动不已，见人就笑，有时一个人在屋里，想到此事，也常会笑出声来。妻子见丈夫如此高兴，心中感到很甜蜜。一天，妻子看到丈夫又在笑，想到自从有了女儿，家庭充满了温馨，丈夫笑脸常在，家中笑声不断，她感到很幸福。想到这里，她突然来了灵感，一个美好的名字涌现出来，只听她喃喃地说道："'常笑'，我女儿叫'常笑'，这个名字好！"丈夫听了，先是一惊，接着拍手叫道："这个名字妙，我姓常，女儿叫常笑，一家人都笑，有意思。"就这样，一个美好的名字在一瞬间产生了。

还有一个名字，得来的也很有趣。江西吉安有一孟姓青年，一心想生儿子，妻子进医院生产时，他在产房外等候，不知妻子是生儿还是生女，心中非常急，在外边坐立不安，不时推开产房的外门，向里张望，可什么也看不到，只好默默地祈祷。忽然，护士出来对他说："你妻子生了个儿子。"孟某听后，欣喜若狂，当着众人就振臂高呼起来："我有儿子了！我有儿子了！"发现周围的人在看他，他说："生儿子要庆贺，当然要高呼。"说完，又高呼了一遍。回到家里，他越想越高兴，越想越觉得应该高呼，并决定儿子的名字就叫"孟一呼"。这名字虽不像"张望""常笑"那样富有诗意，但也别有情趣。

起名新潮

随着时代的变化以及人民生活、社会文化的变迁，家长给孩子取名的思维也发生了变化。尤其是年轻父母，在给孩子起名时，不愿再受传统起名方式的约束，也不愿受政治因素的影响，他们思想解放、思路开阔、敢于创新，给孩子多起别致新潮的名字，让人听了也耳目一新。

有一对父母为他们的儿子取名叫"幸运儿"。孩子的母亲说："我先生姓'幸'，所以，我就特别希望自己能生个'幸运星''幸运儿'，好记又特别，还能给孩子祝福。"

还有一个孩子的名字叫"刘星雨"。孩子的妈妈说："我和先生都很喜欢看流星雨，1998年和1999年那两年狮子座的流星雨格外美，看过那场流星雨后，我就怀孕生下了女儿，所以就给孩子取了这个名字。"这两个例子都发生在广州。

上海有一位叫胡鹏南的老人，他为外孙取的名字叫"夏威夷"。大家知道，夏威夷是美国的一座非常美丽的城市，老人为什么要给外孙起这么一个名字呢？老人解释说："我女婿姓夏，给他取名'威夷'，一是希望他长大了有所作为，能够扬威国外；二是这个名字易叫易记，喊起来顺口。把美国的领土作为我小辈的名字对美国似乎大不敬，不过我并无'吞并夏威夷'的野心，仅仅是借取'大名'以寄托我望孙成龙的苦心罢了。"这个名字够响亮、够新潮，老人的解释也够风趣的。

还有的家长喜欢上了四字姓名。如中国女排著名老将曹慧英，丈夫姓殷，他们俩就为女儿取了个名字叫"殷悦笑子"，名字里充满了欢乐和笑声，这是一个多么甜美的名字。如今的殷悦笑子已是名闻中外的模特了。2004 年，她参加了中华小姐环球大赛，并荣获了季军大奖。她在谈到她的名字时说："我爸爸姓殷，我妈妈希望我能够一直都非常快乐，所以名字里有个悦字；我出生后三个小时就会笑了，所以这件事要特别纪念一下，但是'殷悦笑'不太好听，就又加上了一个'子'，于是我就叫'殷悦笑子'了。"

在四字姓名中，将父母的姓平分秋色地都加进去，也是一种新潮。某县一对姓傅和姓柳的夫妇生了一个女儿，两人一商量，给女儿取了个名字叫"傅晓柳婷"，其谐音"拂晓柳婷"是一句标准的优美诗句。像这类名字，见报的有"张杨舒仪""周谢妮娅""刘夏幸儿"（谐音"留下幸儿"）等，也都很有新意。

还有的家长喜欢借用自己的姓，给孩子取上一个很甜蜜的名字，如田蜜蜜（谐音"甜蜜蜜"）、邵咪咪（谐音"笑眯眯"）、童画（谐音"童话"）、施歌（谐音"诗歌"）等。

总之，现在的年轻家长在孩子起名的问题上，思想是彻底解放了，毫无顾忌，只要是认准了的，他们就敢起用。

郑州有位王先生就给儿子起名叫"王 @"，@ 是近几年电脑流行的一个字母，谐音"爱他"。王先生认为这个字母很新颖，谐音又很有意思，而且用字起名，不会重名。其实，早在 20 年前，江西鹰潭的一位名叫赵志荣的律师就用字母为儿子起名了。他为儿子取名叫"赵 C"。他认为 C 在英语中是 China（中国）的第一个字母，又与"西方"谐音，起这个名不忘自己是中国人，他认为以 C 开头的单词很多，有"人丁兴旺"之意。赵 C 自己也很满意这个名字。没想到在换第二代身份证时遇到了麻烦，当地公安局以此名属禁止使用范畴，要求他改名。为此，赵 C 将当地公安局告上了法庭。法院经过审议，认为赵 C 的名字符合法律规定和国家标准，判赵 C 胜诉。

趣说重名

中国人同姓名的现象十分突出，尤其是常用名。有人统计过，在沈阳叫王伟的就有3000多个，在上海叫王小妹的竟然达13000多个。像张力、李杰、陈丽等常用名重名的，在一个城市里都是数以千计。

这种重名现象自古有之，连皇帝也遇到过，而且还留下了一段趣闻。唐朝中期，有一位著名的诗人叫韩翃，是"大历十才子"之一，他写过一首题为《寒食》的七言绝句非常有名："春城无处不飞花，寒食东风御柳斜。日暮汉宫传蜡烛，轻烟散入五侯家。"当时的德宗皇帝很赏识他的才华。有一年，"制诰"这个职位出现了空缺，吏部奏请唐德宗，唐德宗点名让韩翃补缺。吏部接到旨意后，便急忙去查官员的档案，结果发现有两个在职的韩翃，一个是驾部郎中，一个是江淮刺史。皇帝究竟点的是哪一个，吏部不知道，只好把两个韩翃的履历一起呈上，请皇帝定夺。唐德宗看后，批复道："春城无处不飞花，寒食东风御柳斜。写此韩翃。"这样吏部才知皇帝点的是诗人韩翃。

正因如此，历史上人们一直把重名现象当作一门学问研究，甚至连皇帝也加入了这个研究行列。南北朝时的梁元帝萧绎就写过一本《古今同名名录》，收集了近四百个同名同姓的例子。对此研究成绩最突出的是现代四川万县人彭作桢，1936年，他出版了一本《古今同姓名大辞典》，全书收集了16000个同姓名例子，涉及的人数达56700多个。

重名现象常常给人带来误会，有时造成笑话，有时带来麻烦，甚至酿成灾祸。

先说两个笑话。台湾云林县有26个叫李茂松的，1989年4月8日，他们在"万客海鲜楼"举行了一次有趣的李茂松相聚会，有14名李茂松参加了聚会，另外几名李茂松因病因事没到。到会的14名李茂松中，有 77 岁的长者，也有 9 岁的孩子，几代同堂，其乐融融。更有趣的是，正当大家举杯欢聚时，突然有女招待进来喊："请李茂松先生听电话。"这一下犯难了，找的是哪个李茂松？大家不知道，只好一个个地去接听，直到一位住在虎尾镇的李茂松去接，才对上号。这一插曲使聚会的气氛更热烈了，聚会结束时，大家还在一起照了相。他们还准备成立一个"李茂松联谊会"，打算把全台湾的李茂松都联络起来。这是重名带来的趣事。

1988 年 2 月 28 日的《北京晚报》报道了一对青年因同名同姓喜结良缘的趣事。这一对青年男女都叫浦红，同住在江苏国营环本农场医院宿舍区。男浦红 1982 年毕业于南京中医学院，毕业后分配到农场医院，女浦红在农场针织厂工作。由于两人同名同姓又同住在一个宿舍区，所以，常常发生找错人、送错信等笑话。有一次，有人来宿舍区找女浦红，结果被人引到男浦红的家。有一次男浦红的同学寄来一封信，却被邮递员送到女浦红的家里。打电话也出现过类似的现象。后来，两人都交代自己的亲朋好友，写信一定要注上性别，打电话一定要交代清楚是找男浦红还是找女浦红。这一特殊的现象虽给他们带来麻烦，但也给他们带来了接触和相互了解的机会。在接触中他们产生了感情，最终喜结良缘成了夫妻。这也是一段重名趣事。

当然重名带来的麻烦多于趣事。一位名叫沈志德的读书人，非常敬佩北京大学中文系教授王力，他曾写信向王力请教过诗词格律问题。一向关心青年人的王力教授，用毛笔小楷整整齐齐地写了两页稿纸，一一回答了青年人的提问。沈志德收到这封信，将其视为珍宝，精心保存起来。"文化大革命"爆发不久，沈志德在报上看到王力写的大批判文章，心里极端愤懑，没有想到自己敬仰的大学者竟也如此卑鄙，一怒之下，便把自己视为珍宝的那封信撕得粉碎。后来，他才知道，这是另一个王力，是跟随"四人帮"犯下累累罪行的王力。此时沈志德悔恨不已，深深感到自己因同姓名之误而干下了一件天大的蠢事。为此，他于 1986

年 5 月 13 日在《北京晚报》上发表了一篇题为《怀念与忏悔》的文章，为此而深深自责。

南方某市的一家单位，因同姓名发生过一件趣事。一天，一位名叫王坚强的业务推销员发现信箱中有一封寄给他的信。他拿回来，拆出一看，竟是一封情意绵绵的情书，这令他大吃一惊，他拿着这封莫名其妙的情书信，如坠云雾之中。其妻看到这封热得烫手的情书后，大骂丈夫没良心，不是东西。丈夫发誓没有这回事，但妻子铁证在手，哪里相信他的话，于是不依不饶，与他吵个不休，还要到法院去告他。正当两人吵得不可收拾时，本单位另一个叫王坚强的小伙子气汹汹地找上门来，责问他们为什么私拆别人的信件。夫妻两人这才知道拿错了信，赶忙向这位王坚强说明情况，赔礼道歉。这个王坚强知道拿他信的也叫王坚强，不是故意私拆他的信，也表示谅解。后来两人还成了好朋友。

重名有时还能引来官司。2002 年 12 月初，上海松江一位姓秦的村民突然接到法院的传票，一位姓胡的人起诉他借款 2 万元不还。秦某感到很惊奇，他根本不认识这个姓胡的人，更没向他借过钱。开庭那天，秦某按时到了法院，想听个究竟，但他发现法庭并没按时开庭，法官正忙着给胡某办理撤诉申请。原来，起诉前，胡某去当地派出所调取债务人的身份资料，民警按他说的姓名，为他抽取了秦某的资料，胡某见姓名和村名都对，便取调了秦某的"常住人口登记表"交给了法院。没想到，村里有两个与秦某名字完全一样的村民。胡某去派出所调取资料时弄错了对象。秦某自然不愿意，要求胡某予以赔偿，后经法院调解，胡某向秦某道了歉，并做了适当补偿。

陈永贵是大家所熟悉的人物，"农业学大寨"高潮时期，他作为中国农民的形象，当上了国务院副总理。但有一段时间，他也遭到审查，原因也是因为重名。当时有人揭发，说他历史上曾当过日本特务，是汉奸。中央组织部为此事做过三次调查，最后终于搞清楚了，原来历史上山西确实有个叫陈永贵的当过日本特务，而且年龄也一致，但这个陈永贵不是当时大寨的陈永贵，而是晋西另一个叫陈永贵的人，那人当时就死了。事情弄清楚后，大寨的陈永贵才得以解脱。

张继书张继诗文传佳话

人们都知道唐代诗人张继写了一首脍炙人口的《枫桥夜泊》："月落乌啼霜满天，江枫渔火对愁眠；姑苏城外寒山寺，夜半钟声到客船。"这首诗深受人们喜爱，广为流传，不仅在中国，在世界也很有影响（日本的小学课本就载有此诗）。张继因此诗享誉诗坛，姑苏城外的寒山寺也因此诗蜚声海内外，每逢元旦，来寒山寺撞钟和听"夜半钟声"的海内外游客更是络绎不绝，尤其是日本游客，对元旦来寒山寺撞钟更是心驰神往，不惜代价，寒山寺成了名闻天下的游览胜地。1994 年，苏州电视台专门策划在枫桥现场拍摄了《枫桥夜泊评弹 MTV》，由著名评弹演员张如君演唱，刘韵若谱曲。1994 年除夕之夜一经播出，就引起了轰动。一向关心评弹事业的陈云也手书《枫桥夜泊》赠予刘韵若，以示赞赏和勉励。

传说唐武宗酷爱张继的这首诗，他在去世前一个月，命京城第一石匠吕天方精心刻制了一块《枫桥夜泊》诗碑，待自己升天之日，将此诗碑一起带走。后此诗碑真的随武宗葬入地宫，安置

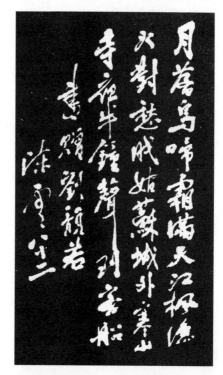

陈云赠送刘韵若的《枫桥夜泊》手书

在他的棺椁旁。

喜欢《枫桥夜泊》诗句的文人名士，更是挥毫刻石送入寒山寺，以示文雅和纪念。据考证，这种碑石寒山寺共有 6 块。最早的一块为宋仁宗时的翰林王珪所书。第二块为明朝文徵明所书。第三块为清朝光绪年间俞樾所书。俞樾是我国著名红学家俞平伯的曾祖父，一生勤奋好学，著作极丰，对经学、诸子学、史学、音韵训诂学，以及诗词戏曲、书法都深有研究。第四块为康有为所书。第五块为近代学者钱荣初所书。这第六块的来历却颇有情趣了，它是与诗人同名同姓的近代学者、书法家张继于 1947 年受著名画家、鉴藏家吴湖帆之托书写的。这中间还有一个插曲：吴湖帆不认识张继，托好友濮伯欣代请张继书写，但不久报纸上却登出张继去世的讣告。吴湖帆对此消息一是悲伤，二是遗憾，心想请张继书写张继诗文的愿望落空了。没想到，过了不久，濮伯欣将张继书写的《枫桥夜泊》诗文寄来了，原来，张继是在写过此诗文之后突然去世的。张继本人对吴湖帆请他书写张继的《枫桥夜泊》诗文也很感兴趣，认为很有意义，所以，他在诗文后还专门加了个跋："余夙慕寒山寺胜迹，频年往来吴门，迄未一游。湖帆先生以余名与唐代题《枫桥夜泊》诗者相同，嘱书此诗镌石，惟余名实取恒久之义，非妄袭诗人也。"不承想，这竟成了他的绝笔。

吴湖帆收到张继写的《枫桥夜泊》诗文欣喜若狂，立即寄给刻碑圣手黄怀觉，请他物色名石刻碑。1947 年 12 月，黄怀觉刻石完工，碑高 1.33 米，宽 0.66 米。张继诗文流畅、飘逸，黄怀觉镌刻精细、传神。此碑至今保存完好。

两个张继，同名同姓，同是名人，相隔一千多年，却同写一首诗文，这段佳话，实在是有趣。难怪此事在当时引起轰动，至今仍被人们视为奇事。

四 改名轶闻

有一个改姓换名的皇帝

历史上，皇帝改姓意味着改朝换代，可五代十国时，有一个皇帝登基后便改姓换名。这个皇帝就是南唐的开国君主徐知诰。

徐知诰登基称帝后的第三年，突然改名为李昇，做了皇帝为什么要改姓换名呢？这还要从他的身世说起。

原来，徐知诰本是唐朝宗室的后裔。其父李荣，世居徐州，喜欢和和尚在一起诵经念佛，他给儿子取了个名字叫彭奴。因徐州古称彭城，故起此名。在彭奴七八岁时，李荣夫妇相继去世，小彭奴便跟随伯父李球生活。伯父很疼爱他，可小彭奴遇此变故，十分忧伤，经常闹着要出家当和尚，伯父拗他不过，只好花钱请长老照顾，让彭奴来濠州开元寺当挂名和尚，只穿袈裟，不剃头不受戒，平时与和尚一起诵经念佛，过一段时间再回家过一阵儿。开元寺长老很同情且喜爱小彭奴，便同意了。

这样，小彭奴便住进了濠州开元寺。一天，淮南节度使杨行密路过开元寺，看到小彭奴相貌堂堂，十分机灵，便决定收他为养子。李球知道后，便对小彭奴说，有朝一日有了发展，不要忘了恢复李姓。小彭奴牢牢记住了伯父的话。谁知，杨行密收小彭奴为养子，遭到他几个儿子的强烈反对。杨行密无奈，只得将彭奴送给他手下的大将徐温做养子。徐温收养他后，将他的名字改为徐知诰。

徐知诰在徐温抚养下逐渐长大成人，很受徐温器重。后来，杨行密做了吴国国王，徐温出任丞相，徐知诰也受到重用，被派往金陵训练水军，并担任金陵刺史。徐温死后，他被封为齐王。此时的徐知诰已羽翼丰满，实权在握，937年他废掉吴王杨溥后称帝，改国号为大齐。徐知诰称帝后，想到当年伯父对他的嘱咐，认为恢复自己本姓的时候到了，于是恢复李姓，改名为昪，并改用先人的国号唐，史称南唐。南唐于975年被北宋所灭，其末代皇帝就是那个善写诗词的后主李煜。

名人改名趣话

历史上许多名人改过名，其改名大都为了明志，人们从其改名过程，可知他们的志趣抱负、精神和性格。

现代著名新闻记者、政论家和出版家邹韬奋，原名思润，幼名萌书。"韬奋"是他1926年在上海主编《生活》周刊时改的名。他曾对人解释这个名字说："'韬'是韬光养晦；'奋'是奋斗不息，不过自勉罢了！"他人如其名，勤奋地为祖国、为人民奋斗了终生。郭沫若曾为"邹韬奋图书馆"题写了一副"韬略终须绘新图，奋飞还得读良书"的嵌名联，巧妙地将其名字"韬奋"嵌写在上下联的开头上，意味深隽。

我国著名作家、教育家叶圣陶，原名叶绍钧，字秉臣。叶圣陶之名是辛亥革命胜利之时，他请老师为自己改的名。

1911年，辛亥革命爆发时，叶绍钧正在苏州草桥中学读书，时年17岁。风华正茂的他学习刻苦，追求进步，充满激情。当辛亥革命胜利的消息传来之后，他当即剪去了长辫子，表示与封建守旧势力决裂。同时，他还想到自己的名字有封建色彩，便去找他尊敬的老师章伯寅为自己改名。他对老师说：现在清王朝已经覆灭，皇帝被打倒，我不能再做臣子（秉臣）了，请先生帮我取个立志爱国强国的名字吧。章老师本来就喜欢并器重这个有志青年，对其要求欣然答应。他思索了一会说："你名绍钧，有诗曰'圣人陶钧万物'（意思是有贤德的圣人能陶冶造就世界上的一切事物），既然不愿意再做'臣'，那就叫'圣陶'吧！"叶圣陶认为老师为他取的名字含意深刻，并包含对自己的殷切希望，从此改名叫叶圣陶了。叶圣陶铭记老师的教导，以名字的寓意鞭策自己，陶冶自己的情操，努力工作，最终成了著名的教育家，为我国的教育事业做出了重要贡献。

1946 年遭国民党特务暗杀的著名爱国学者李公朴，原名李永祥。他有兄弟四人，其名是按"仁义康祥"排行取的，他是老四，故名永祥，号晋祥。五四运动时期，他受进步思想影响，在家乡积极参加抵制日货的爱国活动，立志要做一个有益于人民的人。一天，他对他三哥永康说："我志不在升官发财，愿做人民公仆，名字改成'公朴'（'公朴'者，公仆也），字就叫'仆如'吧。"他还建议三哥将永康改成"公愚"，取意于下等人不是愚者。他三哥接受了他的建议。于是，他的名字就叫李公朴，他三哥的名字就叫李公愚了。

我国著名科普作家高士其，原名高仕镇。他早年留学于美国威斯康星大学、芝加哥大学和芝加哥大学医学研究院，在做一次病毒试验时受到感染，造成终身残疾。但他意志坚强，身残后不能从事医学研究，便进行文学创作。厌恶官场腐败的他，为了表明自己的志向和不受高官厚禄诱惑的决心，特将原名中的"仕"去掉了人字旁，"镇"去掉了金字旁，改名为高士其，并郑重声明"去掉人旁不做官，去掉金旁不要钱"，从此走上了追求真理的道路。1937 年，他到了延安，1939 年加入中国共产党。他一生创作了 70 万字的科普作品，对激发广大青少年的科学热情起了重要作用。

邹韬奋

20 世纪 70 年代末，因在新疆罗布泊地区进行科学考察而失踪的我国著名生物化学家彭加木，生前是上海生物化学研究所的研究员，原名彭家睦，兄弟五人。其父给他起名"家睦"，是希望一家团结和睦。1956 年，他自动放弃出国深造的机会，要求从上海调到新疆工作，并正式改名"彭加木"。他在解释将"家睦"改成"加木"的原因时说："加木合在一起就是'架'字，我要在上海和新疆之间架起一座桥梁，跳出小家庭到新疆去，为新疆添材加木。"他利用谐音将名字巧做改动，改动虽微，却表达了新一代知识分子献身祖国建设的豪迈情怀。

著名实验生物学家、曾任中国科学院实验生物研究所所长的朱洗原名朱玉文，1920 年他赴法国勤工俭学时，家里为他筹了点钱，本来勉强够用，后来一位同学患了重病，他将钱支援了那位同学，自己就和一些穷苦学生进了工厂，边打工，边上学。对此，他感慨地说："我原来叫'玉文'，可现在身上既无片玉，也无分文，还叫什么'玉文'？我已经一贫如洗，就应当叫朱洗！"从此之后，他就用了"朱洗"这个名字。

他很喜欢这个名字。他的妻子叫蔡秀仙，他们有两个儿子，他为两个儿子起名，一个叫"朱俆"，一个叫"朱汖"，"俆"和"汖"是用他和妻子的"洗"和"仙"字离合而成的。"俆"是用"洗"中的"先"和"仙"中的"人"组合的。"汖"则是用"洗"中的"水"和"仙"中的"山"组合而成的。

著名植物学家、南京中山植物园研究员黄胜白原名黄鸣鹄，后来改名黄胜白。一次，一位来访者问到他为何取了这样一个名字？他说："旧社会，我看够了黑暗、腐朽，看够了欧洲殖民者的凶悍、骄奢，决心献身科学，使祖国富强起来，才改了这个名字。黄胜白，黄种人胜过白种人之意也。"黄胜白以此激励自己，刻苦努力，终于在植物学科学研究上取得了重要成就。

我国著名经济学家许涤新，原名叫许闻声，许闻声此名是他上学时老师为他起的，取意于"鹤鸣于九皋，声闻于天"，"闻"是他家谱的字辈。开始他发表文章时，用的都是真名。后来，他参加了上海左翼社会科学家联盟，又加入了中国共产党，经常在左联的秘密刊物上发表文章。于是他为自己取了个笔名叫"涤新"。这个笔名是他在路过一家店名为"涤新洗染店"的洗染店时，受到启发而选用的。他认为，从事革命工作，就像洗染店将脏衣服洗涤干净使其焕然一新一样，革命工作就是将旧世界的污泥浊水荡涤干净，建立起一个崭新的世界。他很喜欢这个笔名，后来到重庆八路军办事处工作时，他便将此笔名用作名字，正式更名叫许涤新了。

陈燮君为何改名陈铁军

1928 年农历正月十五日，年轻的共产党员周文雍和陈铁军被敌人残酷杀害了。这是一对年轻的革命恋人。在与敌人的斗争中，他们战斗在一起，相互配合和鼓励，相互了解和敬重，建立了深厚的感情，最终成了恋人。在被敌人逮捕后，他们表现得坚贞不屈，视死如归。当得知敌人要杀害他们时，他们庄严地宣布正式结婚。临刑前，他们在敌人的铁窗前照了一张合影，作为他们的结婚照，敌人枪杀他们的枪声，成了他们婚礼的礼炮。这一悲壮的场面被人称为"刑场上的婚礼"。

刑场上英勇牺牲的女烈士陈铁军，本名陈燮君，出生于广东南海的一个华侨商人家庭。

1924 年，陈燮君考入广东大学（后改名为中山大学）文学院预科班学习。当时的广州是大革命的根据地，民主革命风起云涌，但形势也很复杂，各种势力都在活动，广东大学表现得尤为突出。当时广东大学的派别组织很多，有拥护孙中山三大政策、敬仰马克思主义的"新学生社""广东妇女解放协会"，也有右派组织"孙文主义学会""醒狮""女权运动大同盟"等。

陈燮君入校不久，右派组织的
成员便纷纷向她围拢，拉她加入。
此时的陈燮君表现得很冷静，她在
观察和了解学校各派别组织的情
况，她的师友谭天度等人也帮她分
析。当她辨清了各派别组织的政
治态度和性质后，毅然决定参加
"新学生社"和"广东妇女解放协
会"，并很快成为这两个组织的积
极分子。

陈燮君积极参加各项政治活动
和辩论会。右派组织自恃后台有人，
在学校里表现得很霸道，当他们在

陈铁军、周文雍结婚照

辩论中处于劣势、理屈词穷时，往往举起手中的手杖（英语称"士的"），
殴打对方，搅乱会场。有一次学校学生会改选，结果是"新学生社"得
票最多。当这一投票结果公开宣布时，右派组织成员便高声咒骂，要求
宣布投票无效，并大打出手。陈燮君在这次冲突中被打伤脸部，眼眶下
瘀血成块。

养伤中，陈燮君想到这次事件，想到右派组织"打垮共产党"的叫嚣，
想到被打伤的同学，感到无比气愤，认为绝不能示弱和退缩。右派组织
叫嚣要"打垮共产党"，而她就是要铁了心肠永远跟共产党走，与右派
组织斗争到底，于是，她决定将自己的名字改为"铁军"。有人得知她
改名"铁军"后，曾劝她，说很多人都知道她燮君这个名字，改了名，
人们还认为是另一个人呢，对做群众工作不利，但陈燮君坚持说她改名
是向敌人表示决不屈服，要同他们斗争到底，直到斗出个新天地来。后
来，她一直使用这个响亮的名字。1926年4月她入党时，使用的也是"陈
铁军"这个名字。她的妹妹陈燮元在她的影响下也改名为"陈铁儿"。

柳亚子的几次改名

著名诗人柳亚子，江苏吴江（现苏州市吴江区）人，出身于书香门第，是一位具有强烈爱国主义思想的民主革命思想家。柳亚子少年时期即受进步思想影响，追求真理和光明。早年曾参加过同盟会，担任过孙中山总统府秘书长，抗日战争时期与宋庆龄、何香凝等人从事抗日民主救亡活动。毛泽东曾赞扬他是"有骨气的旧文人"，是"人中麟凤"。中华人民共和国成立后，柳亚子历任中央人民政府委员、全国人大常委会委员等职。

柳亚子塑像

柳亚子原名慰高，字安如，16 岁时，因崇拜 18 世纪法国杰出资产阶级启蒙思想家卢梭，并受其经典著作《民约论》中所体现的人人生而平等、国家应体现人民意志思想的影响，改名人权，字亚卢，寓意自己要为人权而奋斗，要做亚洲的卢梭。18 岁时，又因倾慕南宋词人辛弃疾而改名"弃疾"。辛弃疾是我国著名的具有民族气节的词人，他忧国忧民，为收复失地、统一祖国战斗了一生；他的词豪放，充满激情。这一切都为柳亚子所敬仰，他决心做一个像辛弃疾一样的人，所以取了这个名字。

改名"亚子"，是他在创办《复报》，主张改革进步，驳斥《新民丛报》保皇思想时为激励自己而改用的。"亚子"本是后唐庄宗李存勖的小名，柳亚子在作为何以此为名的解释时说："不过'思以代北健儿奋励意也'。"

从柳亚子的几次改名，可以看出中国文坛的这位著名诗人早年追求真理、向往革命的历程。

陶行知三次改名

陶行知是受人尊敬的人民教育家，他不仅将自己的毕生精力献给了教育事业，而且几乎将自己所有的收入都花在了教育事业上。他曾说："为老百姓服务，我们吃草也干。""为了苦孩，甘为骆驼；于人有益，牛马也做。"

陶行知，1891年10月18日出生于安徽省黄山市歙县西乡黄潭源村的一个农民家庭。出生不久，父亲就为他取名陶文濬，意思是希望他做一个有文化有作为的人。

文濬从小就立有大志，他说："人生为一大事来，要做一大事去。"1910年，19岁的文濬考入南京金陵大学文学系读书，并担任《金陵光》学报中文版编辑，宣传民族、民主革命思想。这期间，他受明代教育家王阳明"知是行之始，行是知之成"及"知行合一"思想影响，将自己的名字陶文濬改为陶知行。这是他第一次改名。

1924年，陶知行以优异成绩在金陵大学毕业后，又去了美国哥伦比亚大学跟随美国教育家杜威学习教育学，并获得硕士学位。回国后他历任南京高等师范学校教务主任、中华教育改进社主任等职，后又创办晓庄试验乡村师范学校。在教育

人民教育家陶行知

实践中，他逐渐认识到杜威那一套实用主义理论不灵，他曾对教育界的同事说："杜威先生的学识，没有提出知的母亲，这位母亲便是行。"1934年7月，他在自己创办的《生活教育》半月刊上发表文章，把王阳明的"知是行之始，行是知之成"改为"行是知之始，知是行之成"，并为此将自己的名字由陶知行改成"陶行知"这是他第二次改名。

陶行知创造了"生活即教育""社会即学校""教学做合一"的教育理论，提出了"行动是老子，知识是儿子，创造是孙子"的说法，并指出行和知是在不断地循环升华，于是，他又将名字改为陶衡，"衡"即行知行的不断循环往复，以至无穷。这是他第三次改名。

陶行知三次改名，反映了这位人民教育家的哲学思想和教育思想的变化轨迹，表现出了他对真理的追求。陶行知是他几个名字中最响亮的一个。

1946年7月23日，陶行知因劳累过度，突发脑出血逝世，终年55岁。毛泽东亲笔为他题写了悼词，称他是"伟大的人民教育家"。

李四光父女改名趣闻

李四光是我国著名的地质学家，中国地质学的奠基人，地质力学的创立人。根据他的理论，在我国找到了一大批油田，打破了外国专家中国贫油的结论。李四光对地震预报也做过深入研究，他曾准确地预报过河北河间一带的一次6.3级的地震。1963年2月的一天深夜，周恩来总理召开紧急会议，在会上，李四光否定了凌晨北京有7级地震的报告，建议不发警报，使周总理下了决定，避免了一次动乱。他临终前曾说："只要再给我半年时间，地震预报的探索工作就会得到结果的。"

李四光1889年出生于湖北省黄冈县回龙山镇，父亲李卓侯是位私塾先生。李四光早年曾留学日本和英国，1905年他在日本留学时，参

著名地质学家李四光

加了孙中山组织的同盟会，当时他是同盟会中年龄最小的会员。有一次，孙中山曾摸着他的头说："你小小年纪就要革命，很好！有志气。"并送给他八个字："努力向学，蔚为国用。"

1949年后，李四光历任科学院副院长、地质部部长等职。

他原名李钟揆，李四光这个名字是他在报考高等小学堂时偶然改用的。1902年，李四光到武昌一所高等小学堂报考，在填写报名单时，他把年龄"十四"错写在姓名栏内了。怎么办呢？他抬头思索时，无意间发现挂在学堂大殿上的一块"光被四表"的横匾，觉得这匾写得不错，他突发灵感，何不借用其意改名呢？于是，他将错就错地把写在姓名栏内的"十四"改写成"李四光"，把"十"字改写成"李"，在"四"后面添了"光"字。改过之后，他满意地说："四光，四面光明，前途是有希望的。"果然，他顺利地考上了这所高等小学堂，后又被保送到日本官费留学，最终成了著名的地质科学家。

巧合的是，他的独生女儿，也是在14岁时，因为报考改的名。

李四光的女儿原名叫李熙芝，这是李四光按照李氏家谱"熙"字辈给女儿起的名。李熙芝自幼聪慧，学习成绩突出。抗战时期，他随父母来到桂林，当时她正上初三。桂林的初中似乎很难满足她的求知欲，她决定提前报考高中，但按当时的规定，没毕业的学生是不能报考的。怎么办呢？她灵机一动，决定换一个名字报名。于是，她用了母亲名字的谐音，给自己改名为"李林"。结果，她不但顺利报了名，而且以优秀的成绩被录取，最后也成了著名的科学家。李四光一家中，他和女儿李林及女婿邹承鲁都是中科院院士，又都是全国政协委员，这在中国是不多见的。

钱玄同为何多次改名

原子能专家钱三强的父亲钱玄同，是我国近代颇具影响的学者、语言文字学家，也是五四新文化运动的先驱之一。

钱玄同祖籍浙江吴兴（今湖州市），原名钱夏，字德潜。

1904年钱玄同17岁时，开始对清朝初期的音韵学家刘献廷"造新字"的学说产生了浓厚的兴趣，决心在其基础上，将中国文字学的研究工作发扬光大。为了表示对刘献廷的崇拜和从事文字学研究的决心，他将自己的"德潜"改为"掇献"，取意"欲掇拾刘献廷坠绪"。

后来，钱玄同去了日本留学。在东京，他受到民族革命思想影响，并在章太炎的介绍下，加入了同盟会。在这期间，他曾为自己取过一个号叫"汉一"，后又改名"钱夏"。《说文解字》上说："夏，中国之人也。"这与他曾取过的"汉一"之号相应，表示自己是堂堂正正的华夏子孙。

钱玄同

五四时期，钱玄同积极参加了新文化运动，思想也发生了很大变化，由复古转为反复古，彻底否定封建文化，而且表现得甚为激烈。他曾说两千年来用汉字写的书籍一无是处，两千年来的国粹一无是处，"欲祛除三纲五常之奴隶道德，当然以废孔学为唯一之办法"，并说："共和与孔经是绝对不能并存的。"这时，他给自己起了个别号叫"疑古"，并更名玄同。"疑古"本是著名史学家刘知几《史通》

中的篇名，他使用这一别号是表示自己要"用怀疑的眼光来研究批判一切古籍"。当时，他给人题字署名用的就是"疑古玄同"。他还用"疑古"的谐音衍化出夷吾、逸谷、怡谷、忆菰等。

抗战时期，他在北平师范大学任国文系主任。北平沦陷时，因体弱多病没能随校西迁，此时，他恢复了旧名钱夏，为此，他还专门请好友魏延功为他刻了一方"钱夏玄同"的印章，表示自己是华夏子孙，绝不做日伪政权的顺民，表现出强烈的民族气节。

钱玄同还有两个外号也很有趣，一个是"爬来爬去"，一个是"金心异"。

"爬来爬去"外号是鲁迅和许寿裳给他起的。这是因为他在东京听章太炎讲课时，总是坐不住，谈话时指手画脚，像是在座席上爬动。

"金心异"则是小说家林纾为他起的。林纾反对五四新文化运动，是位守旧派人物。他对当时在北大任教的陈独秀、胡适和钱玄同反对旧礼教、旧文化的言行非常反感，他要求北大校长蔡元培撤换他们三人。在遭到拒绝后，他便写小说《荆生》借题谩骂泄愤。在小说中，他用田必美影射陈独秀，用狄莫影射胡适，用金心异影射钱玄同。钱玄同也因此有了"金心异"这个外号。鲁迅就曾多次借用这个外号称呼钱玄同，这自然是反林纾之意而用之，鲁迅热情地称赞他是"在寂寞里奔驰的猛士"。

钱三强的名字本是同学给他起的一个绰号

恐怕很少有人知道，我国著名原子能专家钱三强的名字，是来自他上学期间同学为他起的一个绰号。

钱三强原名钱秉穹。他在孔德学校上高年级时，有两个最要好的朋友，一个是著名作家周作人的儿子周丰一，周丰一聪明机敏，活泼好动，

钱三强

有些顽皮。另一个好朋友叫李志中，李志中性格文静、文质彬彬，很有文采，喜欢写诗，同学称他为"诗人"。

他们三人中，李志中年龄最大，个头也最高，但身体瘦弱，属老大；秉穹在三人中年龄最小，个头也最矮，但身体结实，很强壮，属老三。

风趣而又调皮的周丰一，脑子一转，想到了两个绰号，一个叫"大弱"，送给了李志中，一个叫"三强"，送给了钱秉穹，两人也都大度，没有责怪他，反都接受了。后来他们之间就这样称呼开了，有时相互写信也这样署名。

有一段时间，钱秉穹的母亲有病，他经常请假在家照顾母亲，李志中和周丰一怕他落下的课太多，便经常登门或写信通报学校授课情况。有一次，李志中给钱秉穹写信，抬头对他的称呼就是"三强"，信末自己的署名是"大弱"。后来，这封信被秉穹的父亲钱玄同看到了。钱玄同是当时著名的学者、语言文字学家，也是五四新文化运动的先驱，对新事物有着浓厚的兴趣。当他看到儿子这封信后便好奇地问，信头和信尾所用的"三强"和"大弱"是什么意思。秉穹便将这两个绰号的来历给父亲讲了，钱玄同听了，笑了笑，走了。

过了几天，有一次吃过晚饭后，钱玄同把秉穹叫进他的书房，很认真地和他谈起"三强"这个名字。他问儿子，你觉得"三强"这个名字怎么样？儿子说："那不是我的名字，是同学瞎叫的外号。"钱玄同却说："依我看'三强'意思不错，可以解释为德、智、体都争取进步。你愿意不愿意把名字改为'三强'？"秉穹一直很敬佩他的父亲，父亲是语言文字学家，知识渊博，既然父亲认为这名字好，自己当然没有意见，就说："只要父亲以为合适，我没有意见。"于是，钱玄同便正式为儿子改名为"钱三强"。随后，钱玄同又将小儿子钱秉充的名字改为钱德充。他还语重心长地对孩子们说："每个人的名字本只是一个符号。我过去给你们起名字，过分讲究文字音韵，其实不合实用。老大秉雄的名字，就不必改了，秉穹、秉充改一改，以免读音相近造成不便利，秉穹改为'三强'，这是他同学叫出来的，我以为意思还不错，符合现代进步潮流，也是父母所期望的。秉充可以只改一个字，叫'德充'。"

钱玄同为儿子改名的消息传出之后，立即成了新闻。最积极传播这一新闻的是周丰一，他为自己给钱秉穹起的绰号能被大学者采用感到自豪。所以，他只要是见到钱秉穹，有事无事，都要大呼一声"钱三强"。

一个有趣的改名故事

我国有位著名的剪影艺人叫张斗奇，人称"神剪子"，他能在半分钟内剪出一张惟妙惟肖的人头侧影，并能不加思索、随心所欲地剪出各种人物和图案来，剪什么像什么，人们都称他是位奇才。

于是有人想到他的名字"斗奇"，猜想是否与他的奇才有联系。

说起这个名字，这位艺人向人们讲述了他几次改名的往事。他原来的名字叫张龙泉，这个名字是一位算命先生给他起的。他出生后，因为是长子，爷爷请了一位算命先生给他看相，算命先生说他命中缺水，于是给他起了这么一个充满水气的名字。但这个名字并没给他带来吉利，他经常生病，人也长得又干又瘦。爷爷心疼孙子，便又找了个算命先生重新给他看相。这位算命先生一看他的手心，便说"张龙泉"这个名字不吉祥，水太多了，水多了就要淹死人。于是爷爷和他父亲商议，将他改名为"张大业"，祝愿孩子创立大业，过上好日子。没想这个名字也带来了麻烦，"张大业"和"张大爷"谐音，上学时，同学都不愿意叫他这个名字，有时同学在他家门口喊他张大业，他爷爷就出来了。后来，他自己改了个名字叫"斗奇"，意思是只要奋斗就能出现奇迹。他也以此为座右铭。他的剪影艺术，就是靠着他不懈奋斗而创造出的奇迹，应了他名字的含意。

五　姓名故事

白居易"居住由难变易"的佳话

白居易是唐代著名诗人，他的诗注重写实，深入浅出，通俗易懂，深受人们喜爱，流传甚广，连日本、朝鲜等国的人民也爱读他的诗。

白居易，字乐天，号香山居士。其名"居易"典出《礼记·中庸》中的"故君子居易以俟命"之句。其字"乐天"与"居易"相辅，有"乐天安命"之意。

白居易自幼聪慧，6岁便开始学习写诗，9岁时便已掌握诗歌的音韵了。白居易学习非常刻苦，常常是白天攻读，晚上读诗写诗，以致读得口舌生疮。天分加上努力，白居易十几岁时便能写出很有水平的诗篇了。

唐代著名诗人白居易

唐朝时，诗人要想使自己的作品让世人知道和认可，往往要通过名人的推荐。白居易16岁时，决定去京城长安向当时的名士顾况请教，希望能得到他的赏识和推荐。白居易来到长安后，就求见了顾况，并送上了自己的名帖和诗稿。顾况是当时很有名气的诗人，颇有才气，但性格孤傲。顾况见来的是一个十几岁的青年人，帖子上写着白居易的名字，便打趣地说道："近来长安米价很贵，恐怕居住不容易啊。"白居易受到顾况的奚落，仍恭恭敬敬地站在旁边。顾况打开白居易的诗稿，随手翻了起来，翻着翻着，他的手停了下来，诗稿中《赋得古原草送别》一诗引起了他的注意，他轻轻地吟诵着，当他读到"离离原上草，一岁一枯荣；野火烧不尽，春风吹又生"时，竟拍案叫绝，连称"好诗句"。这时，他才意识到，眼前的这个青年非同一般，是个才子，刚才讲的奚落他

白居易传世的手迹很少，这是其传世手迹局部影印件

的话是不妥了，于是便改口说道："老夫刚才说的是戏言，你有如此之才，看来在长安居住是不难了。"

白居易的诗才得到顾况的赏识和推荐，从此名声大振。这也成了唐代诗坛的一段佳话。

白居易步入仕途之后，由于性格耿直，直言敢谏，常常写诗讽喻时弊，得罪了宦官集团，多次受贬，很不得志，为此他的心情一直较沉郁，到了晚年，其唯一的儿子又夭亡，对他打击很大。从此，白居易转而信佛，有时几个月不吃荤，并捐巨金给洛阳香山寺，作为重修香山寺的费用。他在香山住了18年，并给自己取号"香山居士"。75岁时，他病逝在香山。如今，洛阳香山还建有纪念他的"乐天堂"和塑像。

用人名命名的中草药

在中草药中，有五味是用人的名字命名的，它们是徐长卿、刘寄奴、何首乌、使君子和杜仲。

说起这五味用人名命名的中草药，都有来历和故事。

先说徐长卿，徐长卿本是一位医生的名字。这位医生关爱百姓，常常用一种草药为百姓治病，而且疗效明显，救治了不少穷苦的百姓。人们感激他，于是就把这味中草药称作"徐长卿"了。李时珍在《本草纲目》中说："徐长卿，人名也，常以此药治邪病，人遂以名之。"这也证实了这种传说。对此，民间还流传了一个故事，说有一年唐太宗李世民得了一种怪病，御医想尽办法为其治疗，就是不见疗效，不得已只好张榜招贤。民间医生徐长卿见榜后，便揭榜进宫为皇帝治病，唐太宗服用了他的药后，不久就痊愈了。太宗很高兴，便问他用的是什么药。因这种草药在民间叫法很多，徐长卿一时不知怎么回答为好。唐太宗见他回答不上来，认为这种草药不能还没有名字，便说道："是徐先生治好了朕的病，既不知名，那就叫'徐长卿'吧。"皇帝金口玉言，这"徐长卿"的药名便迅速传开了。

再说刘寄奴，寄奴本是南朝宋开国皇帝刘裕的小名。刘裕小时候家中贫寒，只能靠割苇砍柴维持生活。有一次，刘裕在新洲的一个地方割苇时，碰到一条特大蟒蛇袭击他，刘裕急忙搭箭向它射去，蟒蛇中箭后很快逃去了。第二天，刘裕又去新洲割苇，发现有一伙孩子在树丛中寻找一种野草，并将找来的野草在平石上捣碎。刘裕感到奇怪，便上前寻问，其中一个孩子说："昨天，我家主人被人用箭射伤了，我们是为主人寻药敷伤的。"刘裕联想到自己昨天射伤了一条大蟒蛇，觉得很奇异，于是赶走了孩子，将那些野草带回家中。一试验，果真是治疗刀伤金疮的奇药，草药敷上去，伤口很快就好了，灵得很。后来，这种草药传到民间，成了治疗刀伤金疮的一味主药。人们为了纪念刘裕的发现之功，便用刘裕的小名寄奴命名这味草药，称之为刘寄奴了。

何首乌的来历也有故事。相传，唐朝元和年间，广西顺州南河县有一位老汉叫何能嗣，平时体弱多病，年近六旬尚无子女，后来他服用了一种草药，身体逐渐强壮起来，须发也变黑了，而且连生数子。再后来，他的儿子延秀也坚持服用此草药，活了150岁。延秀的儿子何首乌也坚持服用此草药，活了130岁。同村的人得知何家服用此种草药都得以长寿，于是纷纷效仿，都上山去挖掘和服用，结果都得以健康长寿。人们不知这味草药叫什么，因是从何首乌那里学来的，于是就把这味草药叫作"何首乌"了。

使君子这味中草药名是由郭使君的名字得来的。相传，郭使君是北宋年间潘州的一位郎中，经常上山采药。有一次，他发现一种带有棱角的橄榄状的野果，去壳一品尝，味甘淡、气芳香。他采摘了一些，准备带回家研究一下。回到家中，他怕果实霉变，便将其放入锅中煎炒。煎炒时，果实芳香溢散，郭使君的小孩子闻到香味，吵着要吃。郭使君便给了他四五个，小孩子吃得很高兴。没想到，吃过后的第二天早晨，小孩子大便时竟便出好几条蛔虫。郭使君感到很奇怪，他忽然想到这可能是吃那野果的原因。后来，他又给孩子吃过几次，每次吃过之后，小孩子总会便出蛔虫来，郭使君开始认识到这是一味驱蛔虫的草药。当时得蛔虫病的孩子很多，郭使君便用这种野果为许许多多的孩子治好了蛔虫病。人们感谢他，便把这种野果称之为"使君子"了。

杜仲也是一位郎中，年轻时筋骨不强，常常腰酸腿痛。有一次，他进山采药，偶然间发现了一棵大树的树皮里有许多像筋骨一样的白丝。他觉得这种树不寻常，心想这种树既然有像筋骨一样的白丝，又长得这么粗壮挺拔，那么人服用了是否也能筋骨强健呢？于是，他尝试服用，没想到服用了一段时间他真的腰不酸腿不痛了。后来，他长期服用，竟然变得身轻体健，连头发都变黑了。此后当地许多老人仿效他，长期服用这味药，也都健康长寿。人们为了表达对杜仲的崇敬和感谢之情，便把这种树称为"思仲""思仙"，后来干脆称其"杜仲"了。李时珍的《本草纲目》对此也有记载："昔有杜仲服此得道，因以名之。思仲、思仙皆由此义。"

因小名遭唐太宗杀害的将军

唐太宗李世民是我国封建社会一位很有作为的皇帝，在他统治时，出现了国泰民安、经济发展的"贞观之治"。然而，李世民又是一位治家无方的皇帝，他有 14 个儿子，但大都不成器，只有第九子李治和第十三子李福得以善终。李治虽做了皇帝，但后来把大权交给了皇后武则天，他死后武则天做了皇帝，连国号也被更改了。说到武则天篡权当了女皇帝，使人联想到贞观初年李世民因小名杀害一位将军的冤案。

李世民通过"玄武门之变"夺得权力当上皇帝之后，时时警惕，严防有人造反篡权，而偏偏此时，天象出现异常，太白星频频在白天出现，太史占卜的结论是"女主昌"，随后，又出现了"当有女武王者"的谣言，李世民将信将疑，疑虑重重，渐成心病。

一日，唐太宗宴请百官，行酒令时，他突发奇想，出了一个让大家各报乳名的有趣命题。百官们一个接一个地报乳名，唐太宗听得津津有味，非常高兴。轮到左武卫将军李君羡应令时，他羞得满脸通红，很不好意思地说：我乳名叫"五娘子"。话音刚落，百官们就大笑起来，如此一名武将，怎么叫个五娘子。唐太宗听了，先是愕然，继而也打趣说："何物女子，如此勇猛。"李世民很快将这个乳名与占卜的结论和社会流传的谣言联系起来了。这个李君羡是武安人，封武连县公，当武卫将军，守玄武门，小名叫五娘子。这不正与"当有女武王者"中所说的"女武王"符合吗？可怜的是，李君羡还不知道此时女性化的小名已给自己带来了杀身之祸。

不久，唐太宗捏造了一个罪名杀了李君羡。直到武则天当了皇帝，人们才想起那位"五娘子"是替真"女武王"当了替死鬼。

因名字得失状元

状元是我国封建社会科举考试中的最高等第，考中状元确实是件不容易的事。但有的状元却是因为名字而得来的，也有的本已被确定为状元，但因名字不为皇帝喜欢，又被刷掉了。因名字而得失状元的现象，在科举考试的历史中曾多次发生。

早在唐朝玄宗皇帝时，就有一个叫常无名的考生因名字而考中了状元。唐代皇帝崇信道教，道教始祖老子姓李，唐朝皇帝也姓李，他们将老子视为自己的先人，所以对老子格外尊崇。常无名的名字出自道教经典《老子》中的"道可道，非常道。名可名，非常名。无名，天地之始；有名，万物之母"，这个出自道教经典的名字自然受到崇信道教、尊崇老子的玄宗皇帝李隆基的喜爱。所以，虽然在参加殿试的考生中，他不是最好的，却因名字讨了巧，成了状元。

明洪武十七年时，通过殿试，前三名已经确定，第一名即状元是花纶，但在要拆号唱名时，朱元璋却说，他昨夜做一梦，状元姓丁，不姓花。于是主考大臣急忙翻阅试卷，查找姓丁的考生，结果找出一个名次较后的丁显。朱元璋说，姓丁名显，自然应"显"，状元就应该是他。于是，一个成绩平平的考生，因名字为皇帝喜欢，幸运地当上了状元。

明朝永乐十三年，殿试选定孙日恭为状元，邢宽为第七名进士，但张榜时，状元却换成了邢宽。原来，负责给皇帝抄写小金榜的官员把孙日恭的"日恭"两字写得太靠近了。过去书写是竖写，"日恭"两字靠得近了便像个"暴"字。永乐皇帝最忌"暴"字，因他的皇位是从他侄子那里用暴力夺来的，为此打了几年仗，侄子也被他逼死了。所以他看到这个像"孙暴"的名字十分反感，对榜眼邢宽的名字却很喜欢，认为它含有"刑政宽和"的意思，于是，孙日恭因名字失去了状元，而邢宽却因名字得到了状元。

明朝嘉靖二十三年，通过殿试，一个名叫吴清的考生，成绩突出，名列前茅，但主考大臣们认为这个名字听起来像"无情"，做状元不合适，正在讨论如何处理时，嘉靖皇帝发话了，说他夜里做了一梦，西北方的天上响雷，这是状元出在西北的征兆。于是主考大臣们忙着去查找与雷有关的西北考生，结果在排在第三百名的试卷上发现了陕西考生秦鸣雷，这人与嘉靖皇帝梦兆一致。于是，秦鸣雷这个本来成绩很差的西北考生，却因名字为皇帝喜欢而一跃成了状元。

乾隆五十四年的殿试，主考大臣将选出的前十名的卷子呈乾隆皇帝审阅。乾隆在这十份试卷中，发现了名为胡长龄的试卷，他对这个名字产生了好感，就开玩笑地说："胡人乃长龄耶？"乾隆皇帝这时已经79岁，正盼望长龄，见到这个吉祥的名字自然高兴，于是不再看其他人的试卷，就将胡长龄定为状元。

科举考试最后产生的两名状元也与名字有关。最后两次科举考试发生在1903年和1904年。按常例，科举考试每三年举行一次，但1901年的那次，因八国联军入侵而没举行，1904年的这次正赶上慈禧太后七十寿辰。慈禧太后为显示喜庆，决定在1903年加一次恩科。

1903年恩科的状元是王寿彭。"寿彭"是"寿比彭祖"的意思，彭祖是中国历史传说中寿命最长的人物。当时，正在筹备庆贺自己七十大寿的慈禧，非常喜欢这个名字，想借此名的吉祥寓意，追求长生不老，于是将王寿彭选为状元。

1904年的那次殿试，排在第一位的是朱汝珍，但慈禧讨厌"汝珍"这个名字。慈禧害过珍妃，因此忌讳"珍"字，又因朱汝珍是广东人，慈禧最恨的洪秀全、康有为也是广东人，于是她将朱汝珍从第一名上划掉了。在呈上来的试卷中，慈禧发现了一个叫刘春霖的考生，她认为这个考生的名字很吉祥，"春霖"有"霖雨苍生"之意，当年正值大旱，于是慈禧朱笔一挥，刘春霖便成了中国科举考试中的最后一名状元。

由避讳引出的笑话

避讳制度在封建社会要求十分严格，如有触犯，轻则受罚，重则要被杀头。清朝乾隆年间，江西举人王锡侯奉旨删改钦定《康熙字典》，他在重编《字贯》时，在"凡例"中，将康熙、雍正的庙讳和乾隆的名讳都列了出来，并且列在孔子之后。这一下犯了禁忌，触怒了乾隆皇帝，结果不仅王锡侯被处斩刑，许多与编印此书有关的人也受到了牵连。后人谈到此事时说："王举人好心上书，书呆子身首异处。"所以，在封建社会里，不仅读书人、官僚小心翼翼地对待避讳，连普通老百姓也不敢掉以轻心。唐朝初年，唐高祖李渊在位时，因其祖父名虎，于是"虎"字便成了讳，那时乡下人使用的溺器叫"虎子"，为避讳人们便将"虎子"改叫"马子"了。据说，现在人们使用的"马桶"或"抽水马桶"之名就是从那时传下来的。浙江一带的人们称"茄子"叫"落苏"，这是因为五代十国时，吴越王钱镠有个儿子是瘸子，"瘸子"和"茄子"的读音相似，于是这种蔬菜就不能再叫"茄子"了，只好改叫"落苏"。这种叫法浙江一带至今还在沿用。

由于避讳，人们在遣词用字上受到限制，不得不改变表述方式，由此而引起的麻烦和笑话经常出现。

人们所熟悉的"只许州官放火，不许百姓点灯"成语，就是由避讳引出的。那是宋朝时，有个州官叫田登，为避其名"登"讳，把同音字"灯"改为"火"，把"点灯"称作"点火"。元宵节时，照例要放灯，于是州府贴出告示："本州依例，放火三日。"人们根据这个笑话，编出了上面那个成语。

五代时，有个五朝元老叫冯道，有一天，冯道让一个幕僚为他讲《道德经》。《道德经》开篇第一句就是："道可道，非常道"，其中的"道"

正是其名讳，于是，幕僚连称："不敢说，可不敢说，非常不敢说。"以"不敢说"来避"道"字，冯道听了也感到好笑。还有一例更是可笑。宋朝有个叫钱良臣的，他的儿子在读《孟子》时，为了避父名"良臣"之讳，凡遇书中"良臣"两字，都用"爹爹"代替。书中有"古之所谓良臣，今之所谓民贼也"一句，其儿子在读此句时，依例读成了"古之所谓爹爹，今之所谓民贼也。"钱良臣听了，哭笑不得，没想到儿子为避他的名讳竟将自己骂成民贼了。

有人为避名讳，其行为到了几近痴愚的地步。

北宋有个叫徐积的诗人，由于他父亲名石，他便一生不用石器，走路遇到石头也要避开，过石桥要人背他过去。亏他家乡石头路不多，如在山区，那他只好蹲在家中永不出门了。

也是宋朝，河南洛阳有一个叫刘温叟的，由于他父亲名岳，他便一生不听音乐，因"乐"与"岳"同音，也不去高大的山，因大山称"岳"。

唐朝大诗人李贺，因父亲名晋肃，"晋"与进士的"进"同音，而被迫放弃了参加进士考试的机会。韩愈曾写了篇《讳辩》规劝他，韩愈说：父亲名晋，儿子不去应进士试，假如父亲名仁，则儿子是不是连"人"也不能做了？但李贺怕落不孝之名，始终没有迈出这一步。他也因失去科考机会而终生郁闷，最后带着遗憾过早地离开了人世。

钟馗本是一种椎形菌的名字

民间流传甚广的钟馗捉鬼图，来自《逸史》记载的一则故事。故事说，有一次唐玄宗染病，梦一小鬼盗玉箫，被一个头戴破帽、衣衫褴褛的大鬼捉而食之。唐玄宗惊而问之，那大鬼自称"钟馗"，说他在武德年间曾十年寒窗，因患恶疾而落了个丑陋面貌，由此而屡试不第，被朝廷黜落，于是在愤慨之中，触阶而死，死后立誓以扫除天下妖孽为己任。唐玄宗醒后，即召著名画家吴道子，命其按梦中所见大鬼画出来。吴道子顷刻画就，唐玄宗见后大为惊讶，其画中钟馗竟与他梦中的一模一样，这就是著名的《趋殿钟馗图》。此图因画的是钟馗捉拿邪鬼形象，世人认为含有趋吉避凶之意，故多喜之，逢年过节经常购买，挂于家中。

后来的画家多有创新，画出各式各样的钟馗图来。如李召麟的《钟馗嫁妹图》、梁楷的《钟馗寻梅图》、马和之的《钟馗读书图》、陈洪绶的《钟馗元夕夜游图》、金农的《醉钟馗》等等。钟馗的形象也丰富多彩起来，名字也越来越为人们所熟悉。清朝的顺治皇帝也曾画过一幅《钟馗图》，还很传神。

其实，钟馗并非人的名字，而是一种植物的名称。明代李时珍《本草纲目》中对此早已记叙得清清楚楚。李时珍在书中写道："《尔雅》

坐轿的钟馗

云：'钟馗，菌名也。'《考工记》注云：'终葵，椎名也。'菌似椎形，椎似菌形，故得同称。俗画神执一椎击鬼，故亦名钟馗。好事者因作钟馗传，言是未及第进士，能啖鬼，遂成故事，不知其讹矣。"意思是说，钟馗本是一种椎形菌类。椎本是一种敲打器物的工具，可作武器用，于是有人便借用其谐音，编出了一个手执终葵形椎打鬼的钟馗。因故事讲的是专门捉拿啖食凶邪恶鬼的事，很符合人们的驱凶避害心理，故受到欢迎。这样，菌类终葵便变成了打鬼的钟馗，一个椎形菌的名字也就变成了捉鬼英雄的名字了。

人名与叫魂的故事

旧时，由于科学水平的局限和迷信思想的影响，人们把名字和人的魂联系在一起，认为人的名字一旦确定，人名与魂便结合在一起了。魂会永远依附在名字之上，如果一旦丢了魂，必须高呼丢魂人的名字，把魂招回来，否则，此人必有灾难甚至会死去。由此而衍生出来的习俗，至今还常可看到，如孩子跌倒或受到惊吓，表现出惊恐哭闹时，老人就会说孩子受到惊吓失魂了，赶快叫叫。于是，孩子的母亲就会领着孩子到受惊吓的地方，大声地喊着孩子的名字，说"莫怕，咱们回家了"一类的话，反复地叫着，意在把孩子失散的魂叫回来。如果这样叫不行，还要烧点纸钱再叫，这样魂就会回到孩子的名字上了。

在一些偏远的农村，孩子病了，一般不去医院，而是用招魂办法。人们认为能把孩子的魂叫回到名字上，孩子的病就会好了。叫魂一般在半夜，两个人走在荒野之中，一人挑着孩子的衣裤，一人提着灯笼，大声地喊着孩子的名字，说"回来吧，快回来吧"，有时要这样反复不停地叫。如果孩子的病是一种本来就会自己好的病，人们便会说孩子的魂招回来了，如果孩子病仍不好，人们会说孩子的魂没被招回来。

这种叫魂的习俗古已有之，屈
原就曾为客死于秦的楚怀王招魂，
写了一篇十分动人的《招魂》辞。

名与魂相连的故事，在小说中
更是常见。如鲁迅的《从百草园
到三味书屋》中就有这么一个故
事，说是他小时候听长妈妈讲，
从前有一个书生在古庙里读书，
忽听有人喊他的名字，他答应了
一声，回头一看，是一个美女的
脸露在墙头上。原来，这是人首
蛇身的美女蛇，能唤人名，倘一
答应，夜间便要来吃这人的肉。

流传在民间的一幅招魂图

此事幸好被老和尚识破了机关，书生才没遭殃。所以，有的老人常叮
咛孩子，夜晚无论在街上或家里，倘若有生疏的口音呼唤自己的名字，
切勿答应，怕是鬼怪呼名勾魂。

旧时，还有一种咒人的做法，也是根据名魂相连的说法发明的。
这种办法是剪个纸人，捏个面人或扎个稻草人，然后把要诅咒的人的
名字写在上面，再插针刺箭，放到阴暗处，或埋在地下，再伴以咒语。
这样就能使被诅咒者生病甚至死亡。《红楼梦》里就有僧道巫祝为加
害于人，常将被害人的名字写在纸人上，然后诅咒针刺而令人死亡的
情节。电视连续剧《还珠格格》中，皇后为了陷害小燕子，也使用了
这种伎俩。

有学者在研究这些名魂相连的习俗时，联想到了古人取字。他们指
出，古人之所以在大名之外还要取字，很可能是受名魂相连习俗的影响，
怕本名常被人呼唤，未免利少害多，于是便想出了取字之法。如果这一
说法成立的话，那古人取字倒真是一件有趣的事了。

因名字引起的笑话

取名用字很有讲究，用得好，不仅寓意深刻，朗朗上口，还能给人以激励和启迪。用得不好，往往会给人带来麻烦和苦恼。所谓用得不好，并不是指用字粗俗。有的家长在给孩子起名选字时，是经过反复推敲的，所选用的字含意和读音都不错，只是没考虑用字比较生僻，容易引起误读，有的则没有考虑到名字的谐音是不雅词，所以由此而造成的误会和笑话很多。

电视连续剧《西游记》中猪八戒的扮演者马德华是大家所熟悉的演员，猪八戒那憨态可掬的形象被他刻画得淋漓尽致，入木三分，他的一招一式都会给人带来喜感。可很少有人知道，他的名字也曾带来麻烦。

马德华原名叫马芮，"芮"字读音为"锐（ruì）"，有点生僻。有一次他去医院看病，挂号时病历上的名字写得有点潦草。当时看病的人很多，他只得排队等候，大约过了一二十分钟，值班护士在走廊里高声叫道："马丙，马丙，"马芮见无人答应，估计是护士把他的名字读错了，也就将错就错地走进诊室，没想到一进门，医生便问："你叫马内？"马芮也不愿与他争辩，便随口答道："是的。"医生还感到很奇怪，心想怎么叫这样一个名字？接下来是化验，化验完毕，化验员拿着化验单大声叫道："马苗，谁是马苗？马苗的血化验好了。"到了注射室，变得更离奇，护士拿起注射单就大笑起来："哟，这个病号怎么叫马肉，马肉同志，该你注射了。"于是，一根银针便扎到了"马肉"身上。

马芮有感于这次令他哭笑不得的遭遇，再也不敢用这名字了，于是，在他参加拍摄《西游记》时，便改名为马德华了。

有一位老邮递员也曾向人们讲起过，他在投递信件时因名字而发生的趣事。过去邮递员投递信件，都要将信件亲自送到收件人的手上。那时老百姓多住平房，邮递员投送时，先要在门口高呼收信人的姓名，待其出来后，将信件交给他。

有一年夏天，一位收信人叫夏大羽，当邮递员在门口高喊夏大羽的名字时，周围的人听成是"下大雨"，明明是烈日当空，怎么有人喊"下大雨"呢，出来一看，才知是邮递员在喊收信人的名字，弄得邮递员也很尴尬。还有一次，收信人的名字叫杜子达。当邮递员喊他的名字时，正好有一位孕妇路过，孕妇以为邮递员在嘲笑她"肚子大"，正要发作，收信人出来了。老邮递员说，类似的这种情况他多次遇到。有的收信人叫隋丽妮，谐音是"谁理你"；有的叫都苏乾，谐音是"都输钱"；有的叫甄梅劲，谐音"真没劲"。这些名字叫起来都容易产生误会。还有的收信人的名字叫张大业、李达伯、沈子豪，其谐音分别是"张大爷""李大伯""婶子好"，喊起来也很别扭。

所以，取名用字时，必须要全面考虑，既要防止用字含义上容易出现的歧义，更要防止用字读音上容易产生的误读和误解。

古僻姓名引出的趣事

过去，有的文人名士喜欢用怪僻的字给自己和孩子起名，以显示自己知识渊博及与众不同，但由于用字过于怪僻，往往使人认不得、读不出、写不准，更无法理解其深刻的含义，其结果往往是麻烦和笑话不断。

文学大师章太炎给三个女儿起了三个古怪的名字，无人能认识，即使女儿到了谈婚论嫁的年龄也无人敢去说媒求婚，章太炎不得不宴请亲朋好友专门向大家说明女儿名字的读音、含义，方才解决了这一矛盾。

清末小说家吴趼人，是晚清四大谴责小说之一《二十年目睹之怪现状》的作者，可谓名人，但其名字中的"趼"却常常被人误读误解，闹出不少笑话。

吴趼人原名吴沃尧,字小允,号"茧"人,因是广东南海佛山人,故又自号"我佛山人"。

1891年,吴沃尧在上海从事小说创作时,开始使用"茧人"作笔名,取"作茧自缚"之意。但这一笔名常常被人写错,有一位女士为他画了一幅扇面,起名时将"茧人"写成"茧仁"。"茧仁"是指僵蚕,吴沃尧看后叫道:"我怎么变成僵蚕了?"于是他不再使用"茧人"这一笔名,而将"茧"改成"趼",开始称"趼人",取"百舍重趼而不敢息"之意,即步行千里,虽脚掌长老趼仍顽强奋进。"茧"与"趼"同音。但"趼"是一个生僻字,所以仍有人将其读错写错,往往将"趼(jiǎn)"读成"yán",错写成"研"和"妍"。"研"是"研究","妍"是"美丽",都读"yán","研人"指富有钻研精神的人,"妍人"则是指美丽的人。这些错写的称呼使吴沃尧哭笑不得。他曾幽默地为此写过一首打油诗:"姓名从来自有真,不曾顽石证前生;古端经手无多日,底事频呼作研人。"又云:"偷向妆台揽镜照,阿侬原不是妍人。"

虽然吴沃尧写了打油诗为自己"正名",但仍免不了人们继续叫错他的名字,连他的墓碑都将"趼"写成"研",称他"吴研人"。

现代著名文学家、教育家夏丏尊,其名字中的"丏"也是个生僻字,这个字读"miǎn",是"遮蔽,看不见"的意思。人们往往将其与乞丐的"丐"相混淆,称他为"夏丐尊"。1986年,在纪念他逝世40周年及100周年诞辰时,有两家电台的播音员把"夏丏尊"念成了"夏丐尊",有五六家报刊将"丏"字误印成"丐"字。对此夏丏尊并不介意,他在浙江省立第一师范任教时,曾风趣地对学生说:"我叫夏丏尊,但有人当我是夏丐尊,那也没关系,做做叫花子的头脑,有什么不好呢?"

夏丏尊用这个"丏"字,倒并不是为了炫耀自己博学多识,而是为了躲避当官。夏丏尊早年留学日本,回国后从事教育和文学创作,在当时颇有影响,辛亥革命推翻了清王朝,建立了民国,许多人认为从此人民要当家做主了，主张政府各级官员应由公众投票选举产生，要求普选的呼声很高。夏丏尊怕自己在普选中被选中，于是，他想在他的名字中用一个生僻、容易混淆的字，让人们在选举时将其名字写错，成为废票，这样就不会被选中了。他本来有个号叫"勉旃"，由此读音想到了"丏尊"二字，这二字既和"勉旃"音相近，又含有遮蔽自己的长处、避免张扬之意，更重要的是"丏"与"丐"相似，人们很容易将"夏丏尊"写成"夏丐尊"，这样就能达到他不被选中的目的。

其实，普选根本没有进行，民主也没有得到，但他的名字被人写错、读错的现象却屡屡出现。

只准别人直呼其名的学者

沈玄庐，又名沈定一，浙江省萧山县人，有名的开明绅士，我国近代著名学者。五四运动时期，沈玄庐受革命思潮影响，积极参与马列主义宣传活动，曾与胡汉民、廖仲恺办《建设》杂志，介绍马克思主义，宣传革命思想。他是上海共产主义小组的发起人之一，与李大钊、陈独秀交往密切，还曾与当地农民领袖李成虎一起组织农民协会，开展过农民运动。

沈玄庐思想激进，言行也偏激，他主张人人平等，不分尊卑贵贱，相互之间，不论男女老幼、长辈平辈一律直呼其名，不加尊号。他自己则身体力行，在家里严令一家大小，一律直呼他姓名，不得以其他尊称称呼。弄得子女们无所适从，也留下许多趣闻。

有一年春天，沈玄庐从北京回到萧山家中，请来四五个佃户在自家大院中植树栽花。沈玄庐和佃农们一同栽种，种植结束时，沈玄庐客气地对佃农们说："好了！谢谢诸位啦！"佃农们恭恭敬敬地回答："那我们就走了，三老爷。"沈玄庐听后，马上严肃起来，说道："还称什么三老爷！叫我的名字——沈玄庐！如今社会进步了，提倡民主平等，无尊无贵嘛！这才有革命气象。"佃户们连连点头，改口回道："沈玄庐，我们回去了。"沈玄庐听佃户直呼他的名字，高兴地笑了，接着又说："如今消灭剥削，劳工神圣，农人神圣，今年你们交的租子，减免一半，记住了没有？"佃农们高兴地连连作揖道："谢谢三老爷。"沈玄庐听了，马上沉下脸来，佃农们看到沈玄庐的表情，知道自己又叫错了，马上改口道："谢谢沈玄庐。"沈玄庐这才高兴地挥手让他们回去。

在家里，儿子和儿媳也必须直呼他的名字，否则他就不高兴。

一次，儿媳端来一盆热水请他洗脸，这时儿子进来高声说道："爸爸，上海来电报了。"沈玄庐立即仰起他那挂满水珠的脸，高声斥责道："还爸爸、爸爸，说过多少回了，叫我沈玄庐。"儿子先是愣了一下，接着醒悟过来，急忙改口，认真地说："沈玄庐，有上海的电报，李汉俊伯伯打过来的，催促你去上海开会呢。"沈玄庐接过电报，看完后，还没忘刚才的话题，继续对儿子说："你们切记，民主须从一家一户做起，天下人皆平等，不分高低贵贱，应一律以姓名相称，记住没有？"儿子只好应允，说记住了。

说完儿子，沈玄庐又提醒儿媳，问道："你呢？"儿媳被他问得有些紧张，忙说："记住了，爸爸。"没想到急中出乱，又带出一个"爸爸"来。沈玄庐生气了，厉声说道："我叫沈玄庐！"吓得儿媳急忙退了下去。

这种超乎寻常的民主和平等，反而使人感到紧张而难以接受，不知当时的沈玄庐是否感觉到了这一点。

由生肖戏说姓名的故事

中国姓名文化丰富多彩，有时在谈笑之间也能产生有趣的姓名故事、精彩的姓名雅号。

　　马寅初和马君武戏说"马"姓的故事就很有趣。马寅初和马君武都是我国颇有影响的著名学者，两人曾同在中国公学工作，当时马君武任校长，马寅初任教师，两人感情很好，常在一起交谈。有一次，闲谈中两人互问年龄，马君武知道马寅初是光绪壬午年出生的，生肖属马，就戏对马寅初说："我姓马，你也姓马，不过我是一马，你是二马。"马寅初听后笑道："你说我'二马'，实际上我远远不止二马，我还是五马呢！"马君武问："怎么是'五马'？"马寅初说："我是壬午年农历五月初九日午时出生的，五月是午月，初九日是午日，再加上午时，年、月、日、时都是午，习俗以'午'属马，这样，连同我姓马，就有五个马了。"马寅初刚说完，博学多识的马君武马上说道："古人称太守为五马，那么你是'马太守'了。"马君武用"马太守"戏说马寅初，不仅续接得贴切有趣，而且还有深刻的含意。东汉时会稽有一位叫马臻的"马太守"，为人正直，勤政爱民，不畏强暴，治理鉴湖水利有功，后因触犯皇上被杀害。马君武借此赞扬马寅初耿直敢言的无畏精神。

年轻时的马君武

人口学家马寅初

星球上的中国人姓名

自 1967 年以来，世界天文学联合会决定用世界各国著名科学家、文学家等为世界文明做出重要贡献者的姓名来命名在月球、水星、火星等星球上发现的环形山。其中有二十多名中国科学家和文学家的姓名，分别上了月球、水星和火星。

被用来命名月球表面环形山的中国科学家有 6 人。他们是战国时期的天文学家石申，东汉时期杰出的科学家张衡，南北朝时的数学家和天文学家祖冲之，元朝著名天文学家郭守敬，明朝世界上第一个进行飞天实验的万户，近代为开拓和发展中国天文学事业建立不朽功勋的高平子。

甘德和石申写下了世界第一部天文学著作《甘石星经》，其中记录的八百多个恒星的名字，有一百多个的位置已经测定。此外，该书还记录了木星、火星、土星、金星、水星五大行星的运行情况。所以，石申的名字拿来命名月球上的一座环形山，当之无愧。

张衡著有我国第一部天文学理论著作《灵宪》，发明了世界上第一台浑天仪和地动仪，对世界天文学做出了重要贡献。

祖冲之，是世界上第一个将圆周率精确到小数点后面第七位数的数学家。他创立的《大明历》是中国古代优秀的历法之一。

郭守敬是一位在天文、历法、数学、水利等方面都有很高成就的科学家，他精确地计算出一年的时间为 365.2425 天，与地球环绕太阳一周的时间相差无几。他编成的《授时历》，一年的周期与现行公历相同。他主持的全国范围的天文测量，是当时世界上规模空前的科研工作。他的才华和成就，在当时的世界上几乎无人能比。

万户为了飞上天空，在座椅上捆绑了 47 支火箭，自己则坐在椅子上，手持两个大风筝，令人点火，试图利用火箭的推力和风筝的升力，飞上天空。他是世界上第一个利用火箭做飞行实验的人。

高平子是我国近代著名天文学家。他参加了我国第一座天文机构紫金山天文台的建设，并为中国参加国际天文学联合会做出了贡献。

命名水星上环形山的中国人，是清一色的文学家和艺术家，他们是俞伯牙、蔡文姬、李白、白居易、董源、李清照、姜夔、梁楷、关汉卿、马致远、赵孟頫、王蒙、曹雪芹和鲁迅。

此外，火星上也有用中国科学家命名的环形山。

这些姓名上了太空星球的中国科学家和文艺家，是中国几千年灿烂文化的代表，也是中国人民的骄傲，更是激励中国人永攀世界科学文化高峰的榜样。

以中国姓氏命名的科研成果

在国际科技界，有一种传统的科技成果命名法，即用首创某一科技成果或首先发现某一科技现象的科学家的姓氏命名这个首创或发现，以示纪念和表彰。

我国科学家在许多科技领域都有重大发明和发现，为世界科技的发展做出了贡献。这些发明和发现，经世界科技界公认，大都以他们的姓氏加以命名。

在数学界，中国已故数学家华罗庚与王元，合作开拓了用代数数论方法研究多重积分近似计算的新领域，被国际数学界称为"华—王方法"。

中国已故数学家陈景润，把二百多年来人们未能解决的哥德巴赫猜想证明从（1+3）推进到（1+2），这一成就被国际数学界称为"陈氏定理"。

中国数学家侯振挺，在概率论研究中，提出了有极大应用价值的"Q过程唯一性准则"的一个"最小非负解法"，被国际数学界称为"侯氏定理"。

中国数学家熊庆来，关于整函数与无穷级的亚纯函数的研究成果，被国际数学界誉为"熊氏无穷数"。

中国数学家夏道行，关于一类解析函数的研究成果，被称为"夏道行函数"，他在泛函积分和拟不变测度方面的研究成果，被誉为"夏定理"或"夏不等式"。

在物理学、化学方面，中国著名工程热物理学家吴仲华，首先提出了"叶轮机械三元流动理论"，世界上先进的飞机发动机设计都使用这一理论。这一理论被国际上称作"吴氏通用理论"或"吴氏方程"。

中国著名物理学家葛庭燧，发明了世界上第一个测度金属中内耗的装置，被国际上命名为"葛氏扭摆"。他还首次发现金属晶粒间界的耗峰，被称为"葛氏峰"。

中国已故化学家侯德榜，20世纪30年代首创了联合制碱法，并写出了制碱专著，被国际制碱界称为"侯氏制碱法"。

在生物医学界，中国生物学家冯德培，在肌肉产生热的研究中，首先发现牵拉能使肌肉放热。他所发现的这一现象，被国际生理学界称为"冯氏效应"。

中国著名生物学家龚立三，在从事遗传工程研究时，组建了一个关系到生物细胞对外抗性的新质粒，并用这种新质粒创造了具有固氮作用和能抗高盐的新生物体。这一成果对研究人工合成新生物具有重要意义，他的这两种物质均被称为"龚氏物质"。

中国女医学家修瑞娟，在微循环研究中，提出的微循环对器官和组织灌注的新论点——海涛式灌注，被医学界称为"修氏理论"。

孔子和孟子的名字上了美国的山峰

孔子和孟子是中国古代著名的思想家，不仅对中国二千年的文明史有着重要的影响，而且对世界文明发展也有重要影响，深受世界人民尊重和推崇。尤其是近代，世界知识界对孔孟学说有了更深刻的认识，他们将孔子和孟子视为世界上有重要影响的思想家。在美国西部有两座山就是用孔子和孟子的名字命名的。

美国西部大峡谷是美国最具特色的旅游胜地，这里重峦叠嶂，气象万千，蔚为壮观。1880 年，美国人克拉伦斯·爱德华·杜通率领一支探险队来到大峡谷，他对这里迷人的景色和峡谷两侧的险峰惊叹不已。当时，很少有人来到这里，这里的山峰都还没有名字，克拉伦斯就想给它们起恰当的名字，他想到了希腊、罗马神话中的诸神，想到了世界文明古国的伟人。

峡谷北崖西侧有两座山峰，海拔分别为 1160 米和 1134 米，为独立连峰。克拉伦斯看着这两座巍峨的连峰，想到了中国的两位伟大思想家孔子和孟子，他认为用这两位为世界文明做出重要贡献的思想家来命名这两座连峰是再恰当不过了。两峰既独立成峰又紧密相连，恰似孔子和孟子，一个是儒家学说的创始人，一个是儒家学说的继承者和发展者，两者相得益彰，不可分割。

克拉伦斯为山峰命名之后，在地图上作了标记。由于峡谷位置偏僻，地势险峻，早期只有探险家前去，所以随着时间的推移，孔子山和孟子山的位置逐渐模糊起来。直到 1987 年，洛杉矶地区的一个华人登山队来到大峡谷，在当地登山人的指认下，重新找到了这两座山峰。从此，美国西部大峡谷的孔子山和孟子山便广为人知了。

柳如是花名的文化内涵

明末清初名妓柳如是是一位才貌出众的女子，很受当时上层社会文人墨客的宠爱。当代著名学者陈寅恪曾专门为她写了《柳如是别传》。后来，柳如是嫁给了大文学家钱谦益。说起她与钱谦益的结合，还有一段佳话。当时，钱谦益在朝廷为官，又是享誉海内的大文学家。柳如是慕其名，曾女扮男装只身前去钱家拜访。不料，钱谦益不屑见她，柳如是只好留诗一首怅然而去。后钱谦益读了柳如是的诗，为她的诗才打动，后悔没有见见这位才女。一个月后，钱谦益通过朋友介绍，结识了她。两人谈诗论文，很是投机，感情日深，遂于次年春，结为秦晋之好。当时，柳如是 23 岁，钱谦益 59 岁。

柳如是嫁给钱谦益后，两人恩爱有加，钱谦益对柳如是礼同正嫡，不以小妾待之，他还忍痛将自己珍藏多年的宋版《汉书》卖掉，特意为柳如是建造了一座绛云楼。柳如是对钱谦益十分感激，后钱谦益因事入狱，其子胆小怕事，一筹莫展，是柳如是随侍其身边。钱谦益死后，其族人群起逼柳如是交出财产，柳如是被逼不过，自缢而死。

柳如是一生起用过许多花名。她所起用的花名多出自典籍，有深厚的文化内涵，非一般妓女花名所能比。有学者统计，柳如是所用花名有杨爱、杨朝、杨影怜、美人、柳隐、柳隐雯、蘼芜、柳是、我闻室主人、河东君等。

柳如是也是她的花名，其真实姓名

明朝名妓柳如是画像

无人所知，据陈寅恪考证，她姓杨，名字中有一个"云"字，很可能是"云娟"二字。后改姓柳，名是。其"美人"花名可能与名字中的"云"字有关，李白《常相思》诗中有"美人如花隔云端"，枚乘的诗中也有"美人在云端，天路隔无期"的诗句，诗中将美人与云联系在一起，这应是柳如是起用"美人"为花名的原因。

明朝著名文学家钱谦益

柳如是这个名字，出自《金刚经》中的"如是我闻"，也有学者认为是出自《心经》的"色不异空，空不异色，色即是空，空即是色；受想行识，亦复如是"。它们都与佛典有关。还有一说，即她因读辛弃疾词"我见青山多妩媚，料青山见我应如是"，故自号"如是"。钱谦益亦戏称柳如是叫"柳儒士"。

柳隐和柳隐雯两个花名，则是典出《列女传》陶答子妻所谓："南山有玄豹，雾雨七日而不下食者，何也？欲以泽其毛而成文章也，故藏而远害。"柳如是取其"虽无玄豹姿，终隐南山雾"之寓意。

蘼芜这个花名也有出处，它出自南北朝薛道衡《昔昔盐》："垂柳覆金堤，蘼芜叶复齐。"垂柳与其柳如是的柳相合，蘼芜用来做名字，很贴合，且有美好和成熟之意。

柳如是所绘《行舟图》

柳如是"河东君"的别号，是她嫁给钱谦益后，钱给她取的，典出《玉台新咏》"河中之水向东流"之句。此号很有诗意，也与她的身份相符。

柳如是的其他花名也多有来历。取花名如此讲究，且都具有深厚的文化内涵，这在名妓中也是少有的，与柳如是的文化修养也是分不开的。所以，后人也称柳如是为文学家和诗人。

至乎更始之元五
今百歲一賢猶為此
人以去為生得衣乃成
俾禽來東征死葬其疆不
烏精露思累以事類候告
于邦賢邦明於古今德丞
與之同名加申西懷道而
自容年加申西懷道而
蹂覺觀厭意差歎其
力子甬以喻來今

藏在诗中的作者姓名

我国古代留传下来的，有一本叫《越绝书》的史书，它所记载的是先秦至汉代吴越一带的军事、经济、地理、风俗等内容，是后人研究吴越一带历史的重要文献，但此书却没署作者的姓名。

因此书很有价值，所以它自成书以来，受到历代学者的重视。对于此书的作者，学者们也多有研究，提出各种看法。东汉唯物论者王充认为，《越绝书》的作者是会稽人吴君高。隋唐时期的学者则认为，作者是孔子的弟子子贡。但这两种观点，都有矛盾之处，许多学者持有异议。到了明末清初时，有学者发现，《越绝书》作者的名字实际已经写在书后的文字中了，只是采用了隐语的方法，所以长期以来不为人知。

书末有段文字说："以去为生，得衣乃成；厥名有米，覆之以庚。禹来东征，死葬其疆；不直自斥，托类自明……文属辞定，自于邦贤。邦贤以口为姓，承之以天；楚相屈原，与之同名。"这实际是一段姓名离合诗。文字"以去为姓，得衣乃成"，是"袁"字；"厥名有米，覆之以庚"则是"康"字。"禹来东征，死葬其疆"是说其籍贯是会稽。"自于邦贤"是说书非一人所著，还有乡人合作。"以口为生，承之以天"是"吴"字，"楚相屈原，与之同名"是说此人与屈原同名是"平"。这样，合起来便是说，此书的作者是会稽人袁康，还有他的同乡吴平，至此，《越绝书》作者之谜，通过姓名离合诗的破译而解开了。这正是

討賊至誠感天矯枉過直乳狗哺虎不計禍
福大道不誅誅首惡子孝首皆墓不究也
維子胥之述吳越也因事類以曉後世著善
為誠讒惡為誠句踐以來至乎更始之元五
餘年吳越相後見於今百歲一賢猶為此
厥名有米覆之以庚禹來東征葬其疆不
直自斥詭類自明寫精露愚暑以事類告
後人文屬辭定自于邦賢邦賢以口為姓丞
之以天楚相屈原與之同名明於古今德配
顏淵時莫能與伏犧自容年加申酉懷道而
終友臣不施猶夫子得麟賢覩厭意嗟歎其
文於平袤哉溫故知新述暢子胥以喻來今
經世歷覽論者不得莫能達焉猶春秋銳精
堯舜垂意同文配之天地著於五經齊德曰
月此智陰陽詩之伐阿以比喻人後生可畏

蓋不在年以口為姓萬事道也承之以天德
高明也屈原同名意相應也百歲一賢覩後
生也明於古今知
也時莫能用簡曰鍵精深自誠也猶子得
立道窮也姓名有去不能容也得衣乃成賢人
衣之能章也姓名有米月政寶也覆以庚兵絕
之也於平袤哉莫月與也屈原隔界放於南
楚自沈湘水豪螫所有也

越絕卷第十五終

《越绝书》作者的名字就写在书后的文字中，只不过是用隐语的方法写的（读者不妨从中找找看）

中国姓名文化的奥妙所在。

类似这样的例子还有很多。如有一本叫《参同契》的书，写这本书的作者也没有直接署名，他将他的名字，连同郡望都隐藏在书后所写的离合诗里了。诗中这样写道："邻国鄙夫，幽谷朽生……委时去害，依托丘山，循游寥廓，与鬼为邻……百世以下，遨游人间；汤遭厄际，水旱隔屏。"诗中"邻国鄙夫"是指作者是会稽人。"委时去害"和"与鬼为邻"是"魏"字，"百世以下"是"伯"字，"汤遭厄际，水旱隔屏"是"阳"（阳）字，合起来则是"会稽人魏伯阳"。

这种藏名诗文往往构思巧妙，内容完整，如没得到暗示，不细细辨析，很难察觉诗文中藏有姓名。一旦破解，又使人感到充满情趣，回味无穷。

几则藏名谶语的故事

我国古代常用谜语、诗歌、童谣等形式编造政治预言式的谶语，谶语中暗含姓名。这种带有神秘色彩的谶语，很具鼓动性，在社会动荡和混乱之时，常常流行。

东汉末年，董卓专权，此人极端凶残野蛮，杀人如麻，抢劫财物，破坏文化，坏事做尽，曾纵火焚烧古都洛阳周围数百里。老百姓对他恨之入骨，咒他早死。当时洛阳地区流传一首童谣反映了百姓的这种心声。童谣曰："千里草，何青青，十日卜，不得生。"千里草，即"董"字，十日卜，即"卓"字，这是采用字形离合手法，暗寓董卓之名。何青青，是指董卓残暴罪行；不得生，则指董卓必死。最后，董卓被王允使用美人计，借吕布之手杀死，应了这一谶语。据说，董卓被吕布刺杀前，遇一道士拦路，道士手执一竹竿，竿上挂一条白布，布的两头各写一个"口"字。两"口"则是"吕"，"吕"字写在"布"上，则是"吕布"。这是暗示董卓将死于吕布之手，但董卓不解其意，将其视为疯道人赶走。最终他被吕布所杀。

还有，武则天以皇太后身份临朝听政时，朝中元老贵族集团深为不满。后徐敬业决心起兵推翻武则天，他想争取宰相裴炎一起参加，便找骆宾王相商，骆宾王为他出了一计，编了一首童谣："一片火，两片火，绯衣小儿当殿坐"。让京城小孩传唱，以此来策反裴炎。此法果然灵验，当裴炎听到这首童谣时，心中又惊又喜，他想，"一片火，二片火"不正是他的名"炎"字吗？"绯衣"不正是他的姓"裴"吗？"当殿坐"不正是说自己要当皇帝了吗？于是本来就怀有野心，又对武则天当权不满的他，毫不犹豫地参加到徐敬业的反对武则天的行列中。但他们的起兵最后失败，徐敬业被部下杀死，裴炎也被武则天处死。

唐朝末年，黄巢起义时，曾让参加起义的著名诗人皮日休为他作一谶语，用以宣传鼓动。皮日休便以黄巢的名字编了一段谶语："欲知圣人姓，田八二十一；欲知圣人名，果头三曲律。""田八二十一"合起来是"黄"字，"果头三曲律"是"巢"字；"圣人"暗指"天子"，意思是未来的皇帝就是黄巢。这一谶语经传播之后，对黄巢起义起过重要宣传作用。

据传，黄巢头发卷曲，"掠鬓不尽"。他对皮日休编写的这段谶语中的"果头三曲律"非常不满，认为这是皮日休借机讥笑他，后来竟借故将皮日休杀了。

南北朝时，北齐文宣帝高洋即位前，社会上也流传过一首童谣："一束藁，两头然（燃），河边狣羅飞上天。""藁"燃去两头，剩下的是"高"，这是高洋的姓。"狣羅"是黑色公羊，"河边狣羅"即河边的黑色公羊，河边羊正是高洋的名"洋"。称他黑色公羊，是因他两颊又黑又大；"飞上天"是预示他要当皇帝。后来，高洋果然当上了北齐的皇帝，应了这则藏名谶语。

两条隐喻姓名的谶语

魏晋时期，谶纬之学曾盛行一时。谶纬之学是借用神符、谶言预示未来，并将其看作是上天的昭示。这本来是一种迷信学说，但有时由于历史的巧合，似乎谶言真的得到了验证，这在历史上曾留下许多趣闻。

魏晋时期，曾流传过"三马同槽"和"牛继马后"的谶语。这两句谶语都是将人物姓名隐寓其中，预示未来政权的变化。

"三马同槽"，从字面看是指三匹马同在一槽进食，而实际上，"三马"是指曹魏时期的权臣司马懿、司马师和司马昭。"槽"，暗指曹操建立的曹氏政权。"三马同槽"暗指三司马控制曹氏政权。

据史书记载，曹操在世时就对司马懿有提防之心。他听说司马懿的头能像狼一样转180度向后看，便将其招来验看，见其果然是能面向后转而身子不动。后来曹操又梦见三马同食一槽，所以对司马懿产生厌恶。他曾对太子曹丕说："司马懿非人臣也，必预汝家事。"但当时曹丕却与司马懿关系不错，处处保护他，加上司马懿尽力表现，才免遭曹操加害。

后来曹操和曹丕先后死去，司马懿权势越来越大。在曹操孙子魏明帝曹叡死后，他和曹爽同受遗诏辅政。他认为篡权时机已到，便装成病废的样子麻痹曹爽。曹爽果然上当，不久曹爽被司马懿消灭，曹氏子孙和忠于曹氏政权的人遭到屠杀，曹氏政权尽归司马氏。人称这是"一马翻槽"。

司马懿死后，其子司马师又杀死了不愿做傀儡的皇帝曹芳，曹氏政权到此名存实亡，人称这次事件为"二马翻槽"。

司马师死后，司马昭把持政权，傀儡皇帝曹髦不甘受辱，率仆从攻击司马昭，结果被司马昭所杀，人称此事件为"三马翻槽"。

后人将这三次事件与"三马同槽"谶语联系起来，为它披上了一层神秘色彩。

"牛继马后"谶语，指的是司马懿篡权之后，害怕有人仿效他，便对"继马"之"牛"处处提防。当时有个大将叫牛金，骁勇异常，战功卓著，在军中颇有影响，司马懿认为他就是谶语中所暗喻的"牛"，后在一次宴饮中，用毒酒将其毒死。但"牛继马后"之事并没到此了结。司马懿的孙子司马炎废魏自立，成了晋武帝。晋武帝封自己的兄弟司马觐为恭王，恭王有一妃子叫夏侯光姬，夏侯光姬与一姓牛的小吏私通，生了一个男孩，令人惊奇的是，这个男孩后来在西晋末年天下大乱中，竟登上了皇帝的宝座，成了东晋的开国皇帝司马睿。这在史书《晋书·元帝纪》中有明确记载。这样一来，东晋政权表面上仍是司马氏政权，实际上已是牛氏政权了。

这样说来，"牛继马后"这谶语又得到验证了。有时，历史传说就是这样好玩。

明清二则有趣的嵌名联故事

嵌名联是中国传统姓氏文化中很有趣的内容，也是一种文字游戏。用以嬉戏，常妙趣横生；用以讥讽，则入木三分。但要用得好，也非易事，必须具有敏捷的思路和深厚的文字功底才行。历史上，文人名士多喜欢用嵌名联，为后人留下了许多具有故事性的妙联。

明朝后期，有一位宰相叫张居正。他是一位政治家，在他为政期间，厉行改革，推行"一条鞭法"，为明朝的经济恢复和国防巩固做出了重要贡献。张居正博学多才，嘉靖年间中举，与他同科中举的还有一个叫艾自修的。科考张榜公布时，张居正居榜首，艾自修居榜尾。张居正自恃有才，少年气盛，看完榜后，即用艾自修的名字写了一句嵌名联："艾

左宗棠像

自修，自修没自修（羞），白面书生背虎榜。"背虎榜，即名列榜尾之意，张居正以此讥笑艾自修。艾自修看后，非常恼火，以此和张居正结怨。

后来，两人都在朝中为官，张居正的官越做越大，最后当了太师，艾自修对张居正写嵌名联一事，始终耿耿于怀，但一直没找到报复机会。直到二十多年后，艾自修发现张居正与太后私通，认为报复机会到了，于是，他按照当年张居正讥讽他的嵌名联，续写了一句嵌有张居正名字的嵌名联："张居正，居正不居正，黑心宰相卧龙床。"这句联与张居正那句联相对仗，运用得非常巧妙，可谓是精彩的下联。他将这句联送给了神宗皇帝，神宗皇帝见联，龙颜大怒，遂将张居正削职为民，发配边疆。张居正离京前，艾自修特来道别，顺便将他写的那句嵌名联送给了张居正。张居正看后，恍然大悟，方知是一句开玩笑的嵌名联给他带来的灾祸。

还有一则嵌名联轶事发生在清朝重臣曾国藩和左宗棠之间。

曾国藩和左宗棠都是湖南人，曾国藩是湘军的创建者，左宗棠是湘军的重要首领，两人都是清朝的重臣，曾国藩曾任两江总督，左宗棠曾任陕甘总督，两人共同镇压过太平天国起义军，也一起办过洋务。左宗棠早年曾受过曾国藩举荐和重用，但后来两人在政见上发生了分歧。曾国藩主张对内残酷镇压，对外退让妥协，甚至不惜出卖主权。左宗棠则主张抵抗外来侵略，尤其在他任钦差大臣督办新疆军务时，力主保卫新疆、寸土不让。

曾国藩对左宗棠与他政见不合十分恼怒，一日，他写了一则嵌名联让人给左宗棠送去。联句写道："季子敢言高，与吾意见偏相左！"左宗棠字季高，曾国藩在联句中开头嵌上左的名字"季子"，末尾嵌上"左"姓，口气严厉地指责左宗棠与其政见不和。左宗棠看后，续写了下联让人捎回，联中写道："藩臣徒误国，问伊经济有何曾？""经济"指经纶济世，即治理国家的才能。左宗棠在对子中也巧妙地嵌入了曾国藩的名和姓，指责他并无治理国家的才能，只知屈膝媚外，误国误民，表达了自己在原则问题上决不退让的态度。

三字人名对，才子考清华

人名趣对，要想对得好对得巧，不仅要有敏捷的思路，还要有扎实的文学功底。1932 年清华大学入学考试，国学大师陈寅恪出的国文试题，一是命题作文《梦游清华园记》，另一题就是人名对，题目是"孙行者"。后者题目看似简单，只有三个字，实际难度很大，很多考生对不上来，有的考生认为孙行者出自《西游记》，于是便对以"沙和尚""猪八戒"。当时有位叫周祖谟的考生对的是"胡适之"，陈寅恪看到后拍手叫好，原来他拟定的答案是祖冲之，"胡适之"的答案，不仅对得好，而且寓意也深。"胡"对"孙"，不仅是姓氏相对，而且"胡孙"是指猴，暗含"孙行者"之意。

国学大师陈寅恪

"适"对"行"，也很准确，两字都是动词，都含有"去"的意思，而"之"和"者"都是虚词，都可做人称代词。用"胡适之"对"孙行者"，还能使人联想到一层深刻的寓意。胡适之当年是白话文的倡导者，具有改革创新、冲破旧文化束缚的勇气，这与孙行者不受约束、敢打敢冲的精神又是一致的。所以，陈寅恪认为这位考生才气非凡，清华大学应该留住这位考生，决定这位考生可以随意挑选清华大学的任何一个系。

当年这位才气非凡的考生，就是今天著名的语言学家、北京大学中文系教授周祖谟。遗憾的是，当年周祖谟并没有就读清华大学，这是因为他同时报考了清华、北大、燕京三所大学，都被录取，考虑到北大花费少，就选了北大中国语言文学系。

2004 年 3 月 17 日，中央电视台播出的对钱伟长的专题采访节目中，钱老谈到，他也是那年参加清华大学入学考试的。他的国文考试成绩很出色，作文是赋，写得很精彩，老师一个字也没有改，得到 100 分。对对子，他立即就对上来了，他说他对的就是"祖冲之"。他当时也想到了胡适之，但认为"祖冲之"更准确。

以上是周祖谟、钱伟长巧对人名联考清华的趣事。实际人们在生活中只要注意，都会发现一些很有意思的人名趣对。如韩擒虎—李攀龙、张九思—胡三省、郑小同—杨大异、俞通海—殷开山、程不识—魏无知、张恨水—戴爱莲、闻一多—钱三强、王十朋—陆万友、单学鹏—茹志鹃、穆铁柱—陈金刚、鲁迅—徐迟、艾青—叶紫、袁鹰—张雁，等等。

一个田姓七个谜

用姓氏编谜、猜谜，是人们喜闻乐见的文字游戏。有时人们能将一个姓编出几个、十几个甚至几十个字谜，还能将姓氏谜编成故事，让人听了，不仅感到趣味无穷，还能长知识、开眼界、增智力。

有一个用田姓编谜的故事很有趣，说的是一个田姓有七个谜。

故事发生在一个依山傍水的山村里，村里有一位受人尊敬的长者。有一个晚上，月明水清，长者同众人聚在村边聊天，闲聊一阵后，长者说，这样干聊无趣，在座的很多人喜欢编谜、猜谜，不如来个编谜游戏，就以我的姓"田"为谜底，大家看如何？众人齐声赞同。

长者说，我提议，我先编，抛砖引玉。说罢，他便高声吟起来："两目各相投，四山环一周。两王住一国，一口吞四口。"众人听罢，齐声叫好。

呼声刚停，一文人站起来说，我来编一个，说罢摇头晃脑吟起来："四个山字山靠山，四个口字口对口，四个川字川连川，四个十字颠倒颠。"正当人们赞扬这个田姓谜编得好时，另一个文人又站起来吟道："四座大山山对山，四条大川川对川，四个嘴巴连环套，四个日头紧相连。"还没等众人评论，又一个文人站起来吟道："四个王字转又转，四个口字肩并肩，四个日字膀靠膀，四个山字尖对尖。"众人听了后两位文人编的谜，评论道："编得好是好，只是和第一个人编得很相似。"这时，一个常上山砍柴的村民说，我来编一个。这个村民说，我常上山，就以山为题编吧，接着大声念起来："左是山，右是山，上是山，下是山，山连山，山靠山，山咬山，不是山。"众人听了都说好，这个村民也很高兴。一个渔民见状，也来了兴致，他说，我常下湖打鱼，就以甲鱼为题编："说甲没有腿，鱼字去头尾。"众人听了也说好，还说这个谜编得既有趣又简明，两句两个"田"。最后这个谜是一位种田的老农编的，他编的是："字面看来都是口，农民缺它可犯愁。"这个谜既交代了谜底"田"字，又表达了农民的心声。

参加聊天的村民，没想到经长者提议，大家围绕一个田姓，竟编出了七个字谜，都觉得这个晚上过得有趣味、有意义。

反映维新变法的嵌名对联

中日甲午战争之后，维新变法思潮在中国逐渐高涨起来。对日益高涨的维新变法思潮，有支持拥护者，有反对破坏者，也有积极参与献身流血者。当时流传在社会上的几副嵌名对联，从一个侧面反映了这一情景。

在清朝官员中，拥护变法的很少，多数是反对变法的顽固派。在全国各省的官员中，只有湖南巡抚陈宝箴支持变法。陈宝箴在湖南积极贯彻落实光绪皇帝颁布的变法法令，并提拔了熊希龄等一批支持变法的官员。为此，他成了顽固派攻击的主要目标。有人曾用他和熊希龄的名字写了一副对联："陈宝箴一耳偏听，熊希龄四足能爬。""一耳"乃"陈"字"阝"部，"四足"乃"熊"字下面的四点。意思是攻击陈宝箴偏听维新派一面之词，不明是非，熊希龄是靠阿谀奉承陈宝箴爬上去的。

熊希龄

在反对维新变法的官员中，梁鼎芬是很突出的一位。梁鼎芬很有才华，是当时颇有影响的文学家，他经常在两湖书院讲学，诋毁维新变法。人们对他的言行非常憎恶，于是，有人用他的名字写了一副对联："一日难支，足下分成两片；念头太错，颈上须防八刀。"横批是"梁上君子"。

此联上联将"鼎"上下分开，上部是"一日"，合成"目"，下部是左右分开的两"片"；下联将"芬"上下分开，上部是"艹"如"廿"，"廿"读"念"，故称"念头"，下部为"八刀"；横批"梁上君子"则指其姓梁。人们以此嵌名联对梁鼎芬进行嘲讽。

戊戌变法失败后，以谭嗣同为首的六君子惨遭杀害，戊戌变法领袖康有为侥幸逃脱。

第二年，谭嗣同的骨骸被运回湖南浏阳老家埋葬。1914年，康有为在湖南浏阳县城西门外的烈士祠为谭嗣同题了一副对联："复生不复生矣，有为安有为哉！"谭嗣同字复生，康有为在联中巧妙地嵌入自己的名和死者的字，意思是说：谭复生不能再复活了，我康有为还能有什么作为呢！以此表达对死者的缅怀之情。

清末位居高官的梁鼎芬

此后的康有为确实"无为"了。他的思想也发生了变化，由维新变法转变为复辟保皇，最后成了阻碍历史前进的保皇派。为此，国学大师章太炎用他的名字写了一副嵌名对联讥讽他："国之将亡必有，老而不死是为。"这副对联在上下联的最后一字嵌入了"有""为"其名，这是章太炎巧妙地运用"四书"中"国家将亡必有妖孽"和"老而不死是为贼"两句，隐喻康有为已成为违背人民意愿、阻碍历史前进的"妖孽"和"贼"了。但康有为的弟子梁启超仍在为康有为辩解，维护他的名誉。梁启超巧改了这副对联，他在上下联的后面又分别加了"忠烈"和"人

康有为

179

瑞"四字,这样对联成了"国家将亡必有忠烈,老而不死是为人瑞",又成了一副赞颂康有为的对联了。虽如此,康有为晚年复辟保皇的形象已是无法改变了。

讥讽袁世凯的嵌名联

袁世凯窃取辛亥革命胜利成果后,专断独行,刺杀宋教仁,出卖国家利益,复辟帝制,坏事干尽,人们痛恨他,便运用写嵌名联的方式讥讽他。

袁世凯复辟帝制时,有人写了一副对联的上联,公开征求下联。上联写的是"或在园中,拖出老袁还我国"。这是个拆字嵌名联,"园"字去"袁"(袁世凯),加进"或"字便成"国"字,即"国"。其意是打倒袁世凯,还我"中华民国";征得的下联是"余临道上,不堪回首话前途"。"道"字去"首"换上"余",即成"途"字,意思是袁世凯称帝,倒行逆施,使人担忧国家前途。

袁世凯复辟遭到全国人民的反对,他不久也在全国人民一片唾骂声中死去。对此,又有人写了一副对联讥讽他:"起病六君子,送命二陈汤。"从字面看,是说袁世凯服错药而死去。其实,这是一副隐名联,"六君子"是指为袁世凯复辟帝制出谋划策的筹安会的杨度、孙毓筠、胡瑛、李燮和、刘师培、严复六人。"二陈汤"是指

袁世凯

袁世凯复辟称帝时刻的"中华帝国之玺"和"皇帝之宝"

开始极力拥护袁世凯称帝，后见袁世凯大势已去，又起来反对袁世凯的陈树藩、陈宦、汤芗铭。是"六君子"发起复辟帝制，将袁世凯推上了灭亡之路，又是"二陈汤"使袁世凯众叛亲离，最终失败死去的。

袁世凯死去，又有人为他写了一副嵌名挽联："袁世凯千古，中国人民万岁。"有人说，"袁世凯"三字怎么能和"中国人民"四字相对，不合对联要求，写联人说"袁世凯就是对不住中国人民"。

袁世凯死后，中国又陷入军阀割据的局面，总统像走马灯一样地轮换着，都只管个人争权夺利，全不管国家安危和人民死活。为此，有人又写了一副隐名联，其上联是："由山而城，由城而陂，由陂而河，由河而海，每况愈下。"初看此联是写地势由高而低、顺势而下的，实则是讥讽民国总统自孙中山之后，一个不如一个。对联中的"山"指孙中山，广东香山人；"城"指袁世凯，河南项城人；"陂"指黎元洪，湖北黄陂人；"河"指冯国璋，河北河间人；"海"指徐世昌，号东海居士。

这些对联，巧妙地运用了嵌名、隐名、隐喻的手法，深刻地揭露了辛亥革命后袁世凯窃权复辟、军阀争权夺利的丑恶嘴脸，为广大人民出了口气，所以深受群众喜爱，流传甚广。

趣话嵌名诗和嵌名联

将人名嵌入诗中或联中，使其成为别有情趣的诗作和对联，且又不露痕迹，这是一种很有趣的文字游戏。

这种文字游戏，不仅文人雅士喜欢，广大人民群众也喜闻乐见。1984年春节，中央电视台曾举办一次迎春征联活动。在收到的众多对联中，有许多是人名对联，其中有一副写得特别出色，获得一等奖。这副对联的上联是"碧野田间牛得草"，下联是"金山村里马识途"。对仗工整，声调讲究，田园、山林、风光入诗入画。更妙的是所用字句全部是人名。碧野、马识途是作家，田间是诗人，金山、村里是著名电影演员，牛得草是著名豫剧演员。14个字里含有6位名人的名字，真是一副绝妙的对联。

还有一副对联："胡风沙千里，白薇何其芳"，也令人叫绝。整副对联由当时四位名人胡风、沙千里、白薇、何其芳的名字组成，对仗工整而流畅，寓意丰富而深刻。上联是写我国北方多风多沙的自然景观，下联是写白薇盛开，何其芬芳的美景，充满诗情画意。

现代作家老舍、茅盾等也都是写人名诗的高手。

抗战时期，山城重庆云集了一批文化界知名人士。茅盾发现，老舍对作家风子颇多赞誉，胡风则深爱高龙生的画作，常在大庭广众之下品评其作品，胡考也常常为之助兴。他觉得很有意思，于是，便借他们的名字构思了一副对联："老舍老向风子，胡风胡考龙生"。茅盾在对联中，

著名数学家华罗庚

将"老向""胡考"的名字用作动词，表示"老是向着"和"胡乱考评"，其用法真是巧妙极了，大家无不赞叹叫绝。

老舍也曾写过一首令人叫绝的人名诗："大雨冼星海，长虹万籁天；冰莹成舍我，碧野林风眠。"如果你不留意，不会想到诗中所有的字句都是人名，你只会感到这是一首风景诗，很像一幅美丽的雨后原野风景画。其实，这20个字是8位名人的名字。他们是诗人兼文学翻译家孙大雨，著名音乐家冼星海，现代名人高长虹，戏剧、电影工作者万籁天，著名女作家谢冰莹，新闻工作者成舍我，作家碧野，画家林风眠。

1979年4月，参加广西南宁全国当代诗歌讨论会的诗人闻山在同参加会议的诗人一起游览漓江时，诗兴大发，遂写记游诗一首："桂林无晓雪，阳朔有沙鸥。云天藏雁翼，病榻念公刘。久闻山水秀，谢冕驾轻舟。北方冰早化，春满漓江头。"这首诗向人展示了"桂林山水甲天下"的美景，令人陶醉，诗中嵌有晓雪、沙鸥、雁翼、公刘、闻山、谢冕、方冰七名诗人的名字，更是别有情趣。

老舍和吴组缃等人，在重庆时曾写过许多人名诗，都很精彩，现选几首供大家品味欣赏：

> 满城崔万秋，郭沫若洪流。碧野张天翼，胡风陈北欧。
> 葛琴闻一多，陈子展高歌。小默臧云远，梁宗岱立波。
> 巴金凌淑华，大雨周楞伽。柔石蹇先艾，朱溪陈梦家。
> 望道郭源新，芦焚苏雪林。烽白朗霁野，山草明霞村。
> 梅雨周而复，蒲风叶以群。素园陈瘦竹，老舍谢冰心。
> 皑岚盛焕明，王统照东平。李守章曹白，柳无忌艾青。
> 周全平迪鹤，孟十还沉樱。老向黄庐隐，丁玲朱自清。
> 凡海岩既澄，获帆火雪明。波儿袁水拍，蓬子落花生。
> 白莽伍蠡甫，青崖沈雁冰。志摩卢冀野，陆小曼沙汀。

著名数学家华罗庚也曾出过一副绝妙的嵌名对联。那是 1953 年，中国科学院组织了钱三强、赵九章、华罗庚等十多名著名科学家出国考察。途中闲暇无事，华罗庚出了一则上联，请大家续下联。上联是"三强韩赵魏"。韩赵魏曾经是战国时期的三个强国，对联巧妙地将钱三强的名字与其联系起来。众人议论了一番，一时没有想出合适的下联。此时，著名大气物理学家赵九章笑着说："还是请华老自己说出下联吧！"华罗庚见赵九章发言，顿时来了灵感，他想起了中国古代数学名著《九章算术》，随即续了下联"九章勾股弦"。"九章"正是赵九章的名，对"三强"钱三强的名，非常贴切，"勾股弦"对"韩赵魏"，也是恰到好处。

七　外国人的中国名字

来华外国名人爱起中国名字

中国是一个有着五千年历史的文明古国，其辉煌灿烂的文化在世界上产生了巨大影响。历史上许多外国名人酷爱中国文化，并对中国的姓氏文化产生了浓厚兴趣。他们在与中国进行文化交流时，往往喜欢取一个中国名字，并引以为荣。

意大利著名画家约瑟·噶斯蒂里阿纳于清朝康熙年间来到中国，在中国生活了五十多年，深受中国文化的熏陶，他为自己取了一个中国名字叫"郎世宁"。他在中国运用中西结合的绘画方法，创作了《八骏图》《乾隆大阅图》等大量名画，还参与了圆明园的设计和修建工作，深得乾隆皇帝的信任。乾隆皇帝非常喜爱他创作的《八骏图》，在上面题写了"郎卿画马非画马，凭仗秃笔写胸臆"和"神品"的词句。郎世宁的中西结合的绘画方法，对中国的绘画艺术有过重要影响。

英国著名科学史家约瑟夫·尼达姆是享誉世界的名人。他对中国科学史有深入的研究，在《中国科学技术史》一书中，高度赞扬了中国古代科学技术的辉煌成就和对世界文明做出的重大贡献。他酷爱中国文化，尤其推崇中国的道家文化。所以，他用道家创始人老子（李耳）的姓为姓，取了个中国名字叫李约瑟。不仅如此，他还按中国取名的习俗，取了字和号，其字为"丹耀"，其号为"十宿道人"，它们都是与道家文化紧密联系的。

德国著名汉学家卫礼贤，本是一位传教士，后来迷上了中国文化，尤其推崇中国的儒家学说。他曾翻译过中国儒家经典《论语》《礼记》。他的中国名"卫希圣"和字"礼贤"，就是儒学思想的体现。他不仅按中国取名方法取了名和字，还为自己取号叫"山东人"，并用他的中文名字办了一所"礼贤书院"（现在青岛九中的前身）。此外，他还创办了尊孔文社和东方学社。

美国著名女作家珀尔西·布克出生于一个传教士家庭，其父亲在中国传教时取了个中国名字叫赛兆祥。她早年随父亲生活在中国，曾写过五十多部作品，大多取材于中国。由于"她对中国农民生活的丰富和真正史诗般气概的描述"，使她获得了1938年的诺贝尔文学奖（当然作品中的描写有的歪曲了中国人的形象）。她还成功地将中国古典名著《水浒传》译成了英文，将其更名为《四海之内皆兄弟》。她为自己取了个中国名字叫赛珍珠，"赛"是沿用了他父亲所取的中国名的姓，"珍珠"则是她精心选用的具有珍贵美丽含意的名，也是她的英文名字的译音。

荷兰著名作家罗伯特·汉斯·凡·古立克，抗日战争期间曾任荷兰驻华使馆秘书。他非常喜爱中国文化，与中国文化名人郭沫若、于右任、徐悲鸿等都有往来。他为自己取了个中国名字叫高罗佩，并且还按中国文人的取名习惯为自己取了字和号。他取字"芝台"，取号"笑忘"，此号是取自中国的一句俗语"一笑忘百虑"。高罗佩以此为荣，他在与中国朋友交往时，尤其与中国文化界的朋友交往时，一律以高罗佩自称，而不用他的荷兰名。他曾以中国唐代著名宰相狄仁杰为主角，用英语写了一部侦探小说《狄公案》。此书在欧洲风靡一时，他也因此获得了"中国小说家"的称号。

中国人民的老朋友、美国著名作家斯诺的名字，本是他自己取的一个中国名字。1934年4月，斯诺从菲律宾到香港。一天，他在当时香港《星岛日报》金仲华的陪同下，参观了现代中国漫画预展会。进门时，他在签名簿上签了一个中国名叫"施乐"，取意于"乐善好施"。他的名著《西行漫记》付印时，使用的就是"施乐"这个中国名。但当时的译者不知道有"施乐"这个名，就将其译成"斯诺"了。从此，斯诺之名便沿用下来。

抗日战争时期，有一位深受中国人民尊敬的美国空军英雄，他的中国名字叫陈纳德。他创立了一支航空义勇队，又称"飞虎队"。"飞虎队"给日本空军以沉重打击，为中国抗日战争的胜利做出了重要贡献。

随着中国改革开放不断深入，经济迅速发展，中国的国际地位不断提高，国外兴起学习中文、起用中国名字热，尤其是一些外国名人，往往以有中国名字为荣。

著名的雀巢集团总裁、首席执行官彼得·布莱贝克·莱特麦斯取了个中国名字叫包必达，意思是保证一切都能做到。这可是个有趣的中国名字，既响亮又深刻，还有广告宣传作用。

瑞士的海洛·冯·桑格，是一位享誉世界的汉学家和法学博士，他还是德国弗莱堡大学终生汉语教授和瑞士洛桑大学的比较法教授，他取了个中国名字叫胜雅律。谈到这个中文名字的来历，他说他曾帮助一位中国学者修改德文论文，这位中国学者练有一手好书法，作为交换条件，这位中国学者教他学中国书法。在练习书法过程中，桑格喜欢上了中文繁体字"勝"字，于是决定以"勝"为姓给自己取个中国名字"勝雅律"，"雅律"是他的德文姓氏的译音。他非常喜欢这个名字，将它视为自己对汉字研究的成果之一。

还有一个叫杰拉尔德·白朗德的瑞士洛桑人，他在洛桑成立了一家中国社会服务公司，并创建了瑞士第一个中文网站——中国视觉。他为自己取了中国名字叫"白鹄"。它取意于"燕雀安知鸿鹄之志"，寓意自己怀有宏图大志，必将成就一番大事业。

著名的美国"飞虎队"队长陈纳德

看来，外国名人不仅喜欢起中国名字，而且还对中国姓氏文化有研究，所起的中国名字不仅符合中国人的起名习惯，而且还起得巧妙，有讲究。

还有一个有趣的现象是，早期来中国从事外交、宗教、文化、科技活动的外国人，在给自己取中国名字时，往往喜欢用李姓，如美国传教士李佳白、英国传教士李提摩太、德国地质学家李希霍芬、法国传教士李梱、俄国外交官李祺、美国工程师李亚等。这些外国人为什么喜欢用李姓呢？这是因为中国唐朝在世界上有过重大影响，是当时世界上最强大的帝国之一，对世界文明发展起到过重要作用。在他们眼中，唐朝是最能代表中国的，所以，他们也称中国人为唐人。李是唐朝的国姓，因此，这些外国人认为，选用李姓，最能突出自己中国名字的历史意义和文化内涵。

英国港督起用中文译名记事

中国政府对香港恢复行使主权之前，历任英国港督在赴港上任之前都要起一个中文名字。早期名字的起法，多是音译，主要是从粤语音译过来，对所用汉字的字义尚不甚讲究。后来，发现中国汉字寓意丰富，大有学问，用汉字组成的名字其意义也有褒贬之分，于是英国港督的中文译名也开始讲究起来，逐渐偏重于考究的字义，并力求符合中国人的命名习惯。如第一个字大都取自于中国的《百家姓》，第二和第三个字则偏重于音和意，使选定的中国名字既朗朗上口，又有深刻寓意，如金文泰、罗富国、杨慕琦、葛量洪等，就是根据这一原则起的。第16任英国港督还选用了中国《百家姓》中的复姓司徒，译名为司徒拔，这种名字也易于为港人所接受。

最有意思的是第27任英国港督卫奕信的改名。卫奕信原来的译名叫"魏德巍"。这个译名，虽然笔画多了些，但含意还不错。他的中文老师曾写过一副嵌名对联赞誉过这个名字——"德者当以道为本，巍峻应有稳定基"。但也有人认为他这名字不吉利，说"魏"和"巍"是双鬼出格，谐音又是"危"和"伪"，全无吉祥之意。这一反应引起这位港督和英国方面的重视，于是决定改名，经反复推敲，新改的中文名叫卫奕信。港府发言人解释这一新名字时说，这个名字代表了信任和保卫，而奕又是精神奕奕，而且名字的粤语发音更接近他的英文名字。为表示对这位港督更名的重视，港府和英国方面同时对外宣布了这一消息。

香港最后一任英国港督彭定康，其名是他任港督之前就采用的。任命他为最后一任港督时，港府方面曾为其提供了几个新的译名供选用。但彭定康没有改换，仍使用彭定康这个译名，因为他知道，这个译名中，含有"健康"和"稳定"的深刻含意，是个吉祥的名字。彭定康的女儿也有一个中国名字叫彭雅思，她是一位电影演员。

泰戈尔有一个寓意深刻的中国名字

泰戈尔是享誉世界文坛的印度伟大诗人，是亚洲第一位诺贝尔文学奖获得者。他一生热爱中国，崇敬中国古代文化。

1924年，泰戈尔应梁启超、蔡元培邀请来中国访问，受到中国文化界人士的热烈欢迎。

泰戈尔在中国访问期间，恰逢他5月8日64岁生日。中国文化界的朋友在北京东单三条协和礼堂为他举办了别开生面的祝寿活动。祝寿活动由胡适主持，梁启超致贺词。梁启超在贺词中，首先向泰戈尔致以生日祝贺，并回顾了中印之间源远流长的友好关系，接着梁启超谈起了泰戈尔的名字。梁启超说，泰戈尔的全名是罗宾得罗纳特·泰戈尔。"罗宾得罗纳特"有太阳和雷的含意，可引申为"如日之升""如雷之震"，译成中文意思就是"震旦"，而古印度称中国就叫"震旦"，中国人称印度为天竺。讲到这里，梁启超加重语气说："今天我们所敬爱的天竺诗人在他所爱的震旦过他64岁生日，我用极诚恳、极喜悦的心情，将两个国名联起来，赠给他一个新名'竺震旦'。梁启超博古通今、引经据典、融汇中外的说明，博得全场的热烈掌声。此

享誉世界文坛的印度伟大诗人泰戈尔有一个含意深刻的中国名字"竺震旦"

时，胡适走上前来，用英语幽默地说："今天一方面是祝贺诗哲64岁生日，一方面是祝贺一位刚生下来不到一天的小孩的生日。"说得大家哄堂大笑。泰戈尔更是喜不自禁，连连称谢。后来，西泠印社的金石艺术家又为泰戈尔刻制了两方不同字体的"竺震旦"印章。

　　泰戈尔非常喜欢他这个寓意深刻的中国名字和刻制精美的中国名字印章。后来，他常常使用"竺震旦"这个中国名字，他认为这是中印友谊在他生命中的体现。

"中国女婿"马海德

　　马海德原名乔治·海德姆，1910年出生于美国纽约州布法罗市，父亲是迁居美国的黎巴嫩裔。乔治·海德姆于1933年毕业于瑞士日内瓦大学，获医学博士学位，同年到中国行医并考察热带病。1936年6月，经宋庆龄介绍，他和著名美国作家斯诺一起来到陕北，受到毛泽东和周恩来的亲切接见。当他听了毛泽东讲述的个人经历，看到广大红军将士

的革命斗争精神后，深受感动，决心留下来，为中国革命服务，后来就成了驰名延安的"马大夫"。

关于他的中国名字马海德的由来，还有一段故事。1936年10月，乔治·海德姆随红一方面军南下，去迎接即将走出草地的红二、红四方面军。途中，遇到了代表中共中央前去迎接的周恩来。当时大家都很饿了。当地老百姓多是回民，又是新区，找饭吃很困难。后来发现有一座清真寺，想进去，但又怕阿訇对红军不了解不予接待。这时，有人提到乔治·海德姆懂阿拉伯语，便问他懂不懂伊斯兰教礼节，乔治·海德姆说他懂，周恩来说：那就派你为全权代表，去跟阿訇联系一下，让他们给我们做一顿饭吃。乔治·海德姆带着几个人走进清真寺，用伊斯兰教的礼节拜见阿訇，说明来意。阿訇见他如此有礼，便同意给大家安排饭吃。当阿訇问他叫什么名字时，乔治·海德姆想到回民姓马的多，而自己的姓是海德姆，于是灵机一动地回答说，自己叫马海德。从此之后，他这个名字就叫开了。大家感到用这个中国名字称呼他，很亲切。乔治·海德姆也很喜欢这个名字，说它还有点国际意义哩！

1940年，马海德与以美貌著称的延安鲁艺演员周苏菲结婚，于是又被毛泽东称为"中国的女婿"。

中国女婿马海德

1949年中华人民共和国成立后，马海德正式加入了中国籍，周恩来亲自在他的中国籍证书上签了字，毛泽东还将马海德一家请到中南海设宴款待。席间，毛泽东高兴地说：祝贺你呀！原来你算是我们中国的女婿，现在你入籍中国，就是完全的中国人了。

马海德以自己能加入中国籍成为中国人而感到自豪。1949年后，他在医院为人看病，有人见他像外国人，便问他是哪国人，他坚定地回答："我是中国人！"后来他去新疆出差，买了一顶新疆帽戴在头上，有人再问他时，他便说："我是中国人，新疆的。"

马海德为中国人民服务了一生，抗战时期，他曾担任过中共中央的保健医生，1946 年还参加过北京军调部的工作，后长期在国家卫生部工作，曾担任过中国麻风病防治协会会长、全国政协常委等职务。他毕生勤奋工作，为我国卫生医疗事业，特别是麻风病防治工作做出了杰出贡献。1988 年，他被授予"新中国卫生事业先驱"的荣誉称号。

1988 年 10 月，这位深受中国人民尊敬和爱戴的国际主义战士，因病在北京逝世，享年 78 岁。

遵照他的遗嘱，其骨灰分成了三份，一份葬在北京，一份撒入延河，一份由其妻子带到美国，安葬在他的家族墓地。在美国安葬他的骨灰时，中国卫生部部长、中国驻美大使和美国政要等各界人士参加了安葬仪式。

使用中国姓名的外国皇族后裔

在中国的姓氏中，有几个姓氏是来源于外国的王族后裔。如安姓、温姓、世姓等，这些姓里都有动人的故事，它们是中外友好交往的历史见证。

明永乐十五年（1417 年），以今菲律宾苏禄群岛为统治中心的苏禄国的三个王即东王、西王、峒王，在东王巴都葛叭答剌带领下，率眷属和侍从三百多人来中国北京访问，受到中国明朝永乐皇帝朱棣的隆重接待，并得到了丰厚的回赠礼品。他们结束了在北京的访问，沿大运河南下回国。到达山东德州时，东王巴都葛叭答剌突患重病去世。永乐皇帝朱棣得知后，立即派使者带着祭文赶到德州，为东王举行了隆重的葬礼，并按中国王制为其造墓、建祭庙，还立了一块巨大的"御制苏禄国东王碑"，永乐皇帝亲自撰写了碑文。朱棣还同意东王妃葛木宁、次子温答剌、三子安都鲁留德州守墓三年，东王长子回国继承王位。留居中国德州守墓的王妃和两位王子后来一直居住在德州。两位王子在中国结婚成家，繁衍后代，慢慢在德州形成了一个有菲律宾血统的村落。到了清朝雍正九年（1731），东王的第八代孙向清政府提出加入中国国籍的要求，得到清政府同意。按照中国姓氏的习惯，温哈喇的后代全都改姓"温"，安都鲁的后代全都改姓"安"。如今德州的"温""安"二姓已传了二十多代。据1981年统计，不算迁居外省市的，仅在德州北部北营村生活的东王后裔就有460多人。在全国，其后裔已达3700多人。虽然这两姓的人们已不知其原苏禄国的语言和习俗，但他们知道自己是温、安二个亲兄弟的后代，所以在德州，温、安两姓是不通婚的。

如今，苏禄国东王墓、王妃墓和两个王子的墓已被列为全国重点文物保护单位。1980年，中国驻菲律宾大使还向菲律宾总统赠送了东王墓照片和墓碑拓片。同年，菲律宾驻华大使也专程来德州参拜东王墓，同东王第16代孙温寿岭和安庆山进行了交谈，并到东王第17代孙安金玉家做客。

2005年6月，东王的第17代孙安金田和第18代孙安砚春、温海年应邀来到菲律宾苏禄岛认祖归宗。在苏禄岛，他们参观了苏禄王宫遗址，向苏禄第一任国王陵墓行了叩拜礼。他们还在墓旁立了一座纪念碑，纪念他们回菲祭祖这一具有历史意义的事件。在菲期间，他们受到热情接待，菲律宾总统阿罗约和外交部部长罗慕洛专门接见了他们。

在福建泉州，还有一个姓"世"的锡兰王子后裔的家族。明天顺三年（1459），锡兰国王派王子世利巴交喇惹出使中国，晋见明朝皇帝，后王子留居中国。1466年，锡兰国王去世，王位被别人继承，王子不得归国，只好定居泉州。定居中国之后，他按中国的姓氏习俗，取了自己中文译名中的第一个字"世"为姓。

世家后来成了泉州一大望族，明清时期出过二位著名举人，清朝的那位举人还编纂过"十三经"方面的著述。到了近代，由于家道中落，世家便很少为人知晓了。1985 年，斯里兰卡政府曾向中国政府提出查寻世利巴交喇惹王子后裔一事，当时没有查寻到。到了 20 世纪 90 年代，人们终于在泉州找到了一位叫许世吟娥的王子后裔。这是一位女性，她肤色黝黑，深眼窝，高鼻梁，长相有些像现在的斯里兰卡人。据许世吟娥说，世家祖上多单传，至其高祖母一代，仅有姐妹三人而无兄弟，其第二个女儿世益娟招当地汉人许闰入赘，约定生子当姓"许世"。后来，他们生有一男二女，男名许世久，这便是许世吟娥的曾祖父。由此，我们可知，"世"和"许世"两姓都是源于锡兰王子的后裔。

宋神宗时，有一个叫所非尔的阿拉伯人，原籍是沙特阿拉伯的麦加，其始祖是中亚的布哈拉国王，后因邻国侵扰，便和弟弟艾尔沙率领家族和部下 5300 余人，东迁中国，归附宋朝。这支庞大的队伍不远万里穿越浩瀚的大沙漠，沿着丝绸之路来到中国时，受到中国皇帝的热烈欢迎并被封官加爵。从此，这支阿拉伯皇族的后裔就在中国定居下来了。元朝时，皇帝还封其后人赛典赤·瞻思丁·乌马儿为"咸阳王"。赛典赤去世时，元世祖忽必烈亲自宣布：赛典赤虽逝，德政尚存，敢有更易者，诛之！足见这支皇族后裔在中国的影响之大。赛典赤生有 5 个儿子 13 个孙子，分别以纳、马、撒、哈、沙、赛、速、忽、闪、保、木、苏、郝 13 个汉字为姓。据说明朝著名航海家郑和就是其后裔。这也是回族汉化姓氏的一个来源。

据史书《北史·西域传》记载，中国西北地区还有一支姓安的安息国皇族的后裔。书中写道，安息国一位王子来中国传教，并在中国定居下来，取了中国名字，他以国为姓，姓安名清。后来，其子孙繁衍，在西北一带形成了安姓家族。据传，唐朝发动安史之乱的安禄山的继父安延偃就是这支安姓的后裔。

日本人名字中的中国文化

日本是世界上姓氏最多的国家，据统计全国有十几万个姓，比十三亿人口的中国还要多。这并不是说日本的姓氏文化比中国丰富，恰恰相反，这正是日本姓氏文化落后的反映。明治维新之前，日本除少数贵族有姓外，平民百姓都没有姓。明治维新后，日本政府为进行户籍登记，下令百姓必须取姓。于是，全国百姓在匆匆忙忙中纷纷取姓。地名、数字、用具、动植物、度量衡等等，都被用于起名，可谓五花八门，什么姓都有，甚至"猪头""鸭子""龟下""饭桶"都成了姓，不了解这一情况的外国人还为此闹出过笑话。有一位在日本旅游的外国人途中想小便找不到厕所，见一房门上挂着"御手洗"的牌子，认为这次可找到了，便急急忙忙闯了进去，结果被里面的人哄了出来。原来"御手洗"不是厕所，而是这家人的姓。

日本是一个受中国文化影响很深的国家，所以也有人使用了中国的姓，如秦、徐、陈、王、周、沈、程、丁、郑、谢、吴等姓。一些热爱中国文化、受中国文化影响较深的日本知识分子和著名人士，取名更为讲究，他们往往用中国的典故和诗词为自己命名。一位研究中国《史记》的学者，对《史记》作者司马迁极为推崇，为此他将自己的名字改为司马辽太郎，并在《史记》影响下，写出了内容丰富、人物众多、场面壮阔的长篇历史小说《项羽与刘邦》。司马辽太郎还说，无论自己的创作有多好，都很难跟司马迁相比。日本幕府时期，有一位日本人特别敬仰中国宋朝的抗金英雄岳飞，于是为自己起了个名字叫桥本景岳。日本著名小说家森鸥外，则用中国唐代著名诗人杜甫诗句"柔橹轻鸥外"中的"鸥外"做自己的名。著名评论家相马御风的名字则是取自中国著名文学家苏东坡《前赤壁赋》中的"浩浩乎如冯虚御风"之句。明治维新时的著名大臣木户松菊这个名字的中国味更明显："松菊"是中国人起名最喜欢用的字词之一，这是源自唐代诗人王维的"松菊荒三径"诗句。著名记者岸苗吟香的名字，是取自宋朝著名诗人陆游的诗句"吟到梅花句亦香"的首尾二字。著名诗人土井晚翠的名字，则取自中国《千字文》中的"枇杷晚翠，梧桐早凋"之句。汉文学家监谷节山的名字，则取自《诗经·小雅》中的"节彼南山"之句。著名歌人纪贯之的名字，则取自《论语》中的"吾道一以贯之"之句。

类似这种将中国文化融入自己的姓名之中的日本人姓名，还可举出很多。

犹太人的中国姓名

犹太民族是一个饱受苦难的民族，历史上长期受到歧视和迫害，被迫四处流浪，居无定所，在以色列国成立之前，它长期是一个没有国家的民族。但犹太民族又是一个充满智慧、勇于斗争、具有顽强意志的民族。他们重视教育，为世界培养了像马克思、爱因斯坦、弗洛伊德等杰出人物。他们精于商道，商业活动遍布全世界。

在中国，大约在东汉时期，犹太人就通过丝绸之路来到了中国。到了唐朝时候，犹太人在中国的广州、泉州、扬州一带的生意就做得很红火了。他们积累了大量的财富，已经受到人们的重视。到了宋朝时，已经有犹太人在中国定居，当时的宋朝皇帝曾敕令他们"归我中夏，遵守祖风，留遗汴梁"，给了他们在首都定居的合法身份。但此时，在中国经商和定居的犹太人绝大多数还保留着自己的姓名。北宋灭亡时，在首都汴梁经商和定居的犹太人没有随皇室一起南迁。元政权建立后，他们属色目人，地位高于汉人。但明政权建立后，法律规定蒙古人和色目人不许自相嫁娶，要与汉族女子通婚。这样一来，犹太人便开始改取汉族姓氏、取汉族名字，如把原来的"列维"改为"李"，"示巴"改为"石"，"亚当"改为"艾"。当时犹太人集中使用的汉姓有李、石、艾、左、俺、高、穆、赵、张、金等。

犹太人重视教育，又精于经商之道，所以有很多犹太人通过科举取得了官职，通过经商成了富人，有的既经商又做官。他们的名字已经完全汉化，如果光听名字，不看相貌，已不知他们是犹太人了。像当时的太原总督李应元、德州府长史艾俊、广东参政左唐官都是犹太人。还有一个叫"俺三"的犹太医生，由于医术高明，对朝廷有贡献，被皇帝任命为高官，其后代也兴旺发达起来。

随着时间的流逝，居住在中国的犹太人的名字中的犹太痕迹已完全消失，他们的名字与中国人的名字已无区别，只是在某些特定情况下，偶尔还有犹太老人在姓氏前带上亚伯拉罕、约西亚等标志，以示其犹太人身份。

图书在版编目（ＣＩＰ）数据

中国人姓名故事 / 张颖震编著. -- 济南：齐鲁书社，
2019.10

（中外故事书系.名称故事丛书）

ISBN 978-7-5333-4143-5

Ⅰ. ①中… Ⅱ. ①张… Ⅲ. ①姓名—中国—通俗
读物 Ⅳ. ①K810.2-49

中国版本图书馆 CIP 数据核字（2019）第153012号

中国人姓名故事
ZHONGGUOREN XINGMING GUSHI

张颖震　编著

主管单位	山东出版传媒股份有限公司
出版发行	齐鲁书社
社　　址	济南市英雄山路189号
邮　　编	250002
网　　址	www.qlss.com.cn
电子邮箱	qilupress@126.com
营销中心	（0531）82098521　82098519
印　　刷	山东临沂新华印刷物流集团有限责任公司
开　　本	710mm×1000mm　1/16
印　　张	13.25
字　　数	180千
版　　次	2019年10月第1版
印　　次	2019年10月第1次印刷
印　　数	1-3000
标准书号	ISBN 978-7-5333-4143-5
定　　价	35.00元